RÜCKKEHR AUS DEM AUSLAND

CHRISTINE SCHUPPENER
JOCHEN SCHUPPENER

RÜCKKEHR
AUS DEM AUSLAND

INHALT

● ● ● ●

Abschied
DER RICHTIGE ZEITPUNKT

14   Lohnt sich Auslands-
     erfahrung wirklich?

17   Der richtige Zeitpunkt
     für einen Umzug

19   Partnerschaft und
     Kinder im Abschied

24   Den Abschied feiern

34   Was ist normal im
     Abschiedsprozess?

37   Kann ich mich auch
     falsch verabschieden?

● ● ● ●

Umzug
IM CHAOS BIN ICH KÖNIG?

42   Verlust von Status

45   Chaos und
     Zerrissenheit

47   Umzug – im Chaos
     bin ich König?

49   Zukunftssorgen

ISBN 978-3-7386-5565-0

© 2015 Jochen und Christine Schuppener
Herstellung und Verlag: BOD – Books on Demand, Norderstedt
Ursprünglich erschienen im GABAL Verlag GmbH, Offenbach
Alle Rechte vorbehalten. Nachdruck, auch auszugsweise, nur mit
schriftlicher Genehmigung der Autoren.

Autorenfoto: Sonia Epple
Coverdesign, Satz und Illustrationen: Daniel Zabel

Ankunft
HEIMAT, DU HAST MICH WIEDER

- 57 Zehn Überlebenstipps nach der Rückkehr
- 61 Kulturstress bei der Rückkehr
- 63 Mit Verlusten und Trauer umgehen
- 72 Wiedersehen mit Kollegen, Familie und Freunden
- 74 Tipps für Vorgesetzte, Kollegen, Verwandte und Freunde
- 82 Herausforderungen für Kinder und Jugendliche

Re-Integration
AUF DER SUCHE NACH DEM PASSENDEN PLATZ

- 91 Wieder in der Heimat: der wichtige Blick
- 95 Was habe ich mitgebracht?
- 97 Wie lange dauert die Re-Integration?
- 98 Phasen der Wiedereingliederung
- 104 Was wird aus den Kindern?
- 109 Wirklich re-integriert

- 111 Die Autoren
- 113 Weiterführende Literatur
- 115 Ressourcen
- 119 Tropeninstitute

VORWORT

Seit vielen Jahren begleiten wir Menschen im Rückkehrprozess. Immer wieder stellen wir fest, wie wichtig dieser Prozess für eine gelungene Integration des Erlebten ist.

Am Anfang stand unsere eigene Rückkehr aus dem Ausland, nach acht Jahren. Einerseits hatten wir schon vorher bei anderen Rückkehrern beobachtet, dass die Re-Integration kein Selbstläufer ist. Wir erlebten, dass es manche sehr schwer fanden, wieder Fuß zu fassen. Andererseits hatten wir selbst von einigen Freunden gegen Ende unseres Auslandsaufenthaltes Unterstützung erhalten. Uns wurden Fragen gestellt, um den Einsatz zu reflektieren. Einen guten Abschied, verbunden mit kleinen aber wichtigen Ritualen, erlebten wir für uns als ganze Familie als sehr hilfreich. Wir realisierten auch, dass für unsere Kinder das „Zuhause" im „Gastland" – im Ausland war. Deutschland war das Land, wo Oma und Opa wohnten. Die Menschen hier waren ganz anders. Und wir selbst hatten uns verändert. Das war uns nicht wirklich bewusst. Es kam meist in Missverständnissen und Konflikten ans Licht. In uns entstand zunehmend der Wunsch, anderen Rückkehrern hier unterstützend zur Seite zu stehen. Seit dieser Zeit durften wir Rückkehrer aus der ganzen Welt in dieser so wichtigen Lebensphase begleiten, damit die (Re)-Integration gelingt.

Eine intensive Erfahrung im Ausland liegt hinter Ihnen. Viele Hürden sind geschafft, gute sowie schwierige Lebenserfahrungen. Und nun soll es wieder zurück gehen. In unseren

Coaching Gesprächen und Seminaren als Interkulturelle Berater geht es darum, wie all das wertvolle Erleben der letzten Jahre hier weitergelebt werden kann. Eine ganz wichtige Phase für jeden Rückkehrer. Es ist uns ein Anliegen, Ihnen hier Ermutigung und praktische Hilfen mit auf den Weg zu geben.

Wir bedanken uns bei all denen, die wir in den letzten Jahren begleiten konnten. Es ist für uns ein großes Vorrecht, Teil von diesem wichtigen Prozess sein zu dürfen. Viele der Ideen zu diesem Buch sind im Auswerten und individuellen Abstimmen auf die unterschiedlichen Bedürfnisse unserer Klienten entstanden.

Wenn nach vielen intensiven Jahren im Ausland die Rückkehr in die Heimat ansteht, denken sich viele: „Kein Problem, da kenne ich mich ja aus. Das wird recht einfach sein, nicht wie bei der Ausreise, als ich von Tuten und Blasen keine Ahnung hatte."

Die Wiedereingliederung von Auslandsrückkehrern ist für viele Firmen und Organisationen ein Problem.

Während die meisten Firmen Trainings zur Vorbereitung auf den Auslandsaufenthalt anbieten, sucht man entsprechende Wiedereingliederungsprogramme meist vergeblich. Nur 14 Prozent der untersuchten Unternehmen haben eine formale Repatriationsstrategie.*

Bezeichnend für die Dynamik der Rückkehr ist ein Gefühl der Entfremdung, des sich verloren und am falschen Platz Füh-

----

* *Brookfield Global Mobility Trends 2015.* Befragt wurden 143 international agierende Unternehmen.)

lens. Meist tauchen schon bald nach der anfänglichen Freude über die Rückkehr in die vermeintlich vertraute Heimat Fragen auf:
- Wie finde ich wieder meinen Platz in Beruf und Gesellschaft?
- Was brauche ich jetzt, was mein Partner und evtl. unsere Kinder?
- Versteht mich hier irgendjemand?

Eine gute Rückkehr fängt schon vor der Rückkehr an. Wer sich hier rechtzeitig Gedanken macht, legt das beste Fundament für eine gelingende Rückkehr und Re-Integration.

Darüber hinaus können die in einem Auslandseinsatz gemachten Erlebnisse und Erfahrungen das eigene Leben und die Zukunft bereichern, neue Perspektiven wecken und Energien freisetzen. Das geschieht aber nicht automatisch.

In diesem Buch gewinnen Sie Einsichten in die Dynamiken der Rückkehr und finden jede Menge Tipps und praktische Ideen zur erfolgreichen Re-Integration.

80 Prozent aller Entsandten gehen mit ihrem Partner ins Ausland, über 60 Prozent haben außerdem Kinder dabei. Deshalb geben wir auch immer wieder Tipps und Anregungen für die Partnerschaft und die Kinder.

Viel Spaß beim Lesen, Nachdenken und Umsetzen.

Wir freuen uns über Rückmeldungen zu diesem wichtigen Thema. Bitte schicken Sie uns Ihre Erfahrungen und Fragen an info@schuppener-global-transitions.com

Jochen und Christine Schuppener

Abschied

DER RICHTIGE ZEITPUNKT

14 Lohnt sich Auslandserfahrung wirklich?

17 Der richtige Zeitpunkt für einen Umzug

19 Partnerschaft und Kinder im Abschied

24 Den Abschied feiern

34 Was ist normal im Abschiedsprozess?

37 Kann ich mich auch falsch verabschieden?

Im Ausland zu Hause! Das hört sich richtig gut an. Nach anfänglichen Unsicherheiten über die kulturellen „Dos und Don'ts" haben Sie gut reingefunden. Sie kennen sich aus in „Ihrem" Land. Klar, ab und zu treten Sie noch in das ein oder andere Fettnäpfchen, aber das gehört dazu. Sie haben die fremdartige Kultur schätzen gelernt, wissen, wo Sie was bekommen, und mit der Sprache haben Sie sich ebenfalls angefreundet. Es fühlt sich alles bekannt – irgendwie heimisch – an. Trifft diese Beschreibung Ihre Situation?

Oder ist es eher so, dass Sie es schwierig fanden? Sie haben die Einheimischen nie wirklich verstanden. Fühlten sich fremd. Sie sind froh, dass es vorbei ist.

Vielleicht auch so: Die Einheimischen waren nicht das Problem. Mit den internationalen Kollegen gab es Schwierigkeiten. An welche Kultur sollten Sie sich anpassen? Da war doch eine eher deutschsprachige Community der Fixpunkt.

Schließlich kann es auch sein, dass Sie gar nicht zurückwollten. Ihre Sendungsorganisation, Firma, das Auswärtige Amt, das Alter der Kinder, oder, oder waren der „Rückholdienst".

LOHNT SICH AUSLANDSERFAHRUNG WIRKLICH?

Auslandserfahrung lohnt sich. Studien belegen, dass Auslandserfahrung einen positiven Effekt hat.

Das gilt für alle Beteiligten: Für Sie selbst, Ihren mit ausgereisten Partner und die Kinder, falls vorhanden. Letztere sind bei 60 Prozent der Entsandten dabei. Daher werden wir in diesem Buch auch immer wieder Bezug auf Familien nehmen.

Die Vorteile der Auslandserfahrung:
- Eine positive Persönlichkeitsentwicklung
- Größere Mobilität
- Anpassungsfähigkeit an neue Situationen und Menschen
- Globale Weitsicht und Perspektive
- Die Fähigkeit, schnell tiefe Beziehungen zu entwickeln
- Ein großes internationales Beziehungsnetzwerk
- Sprachkenntnisse
- Interkulturelles Wissen
- Interkulturelle Sensibilität
- Interkulturelle Handlungskompetenz

Und nun soll es wieder zurück in die „Heimat" gehen. Gemischte Gedanken, Gefühle, Hoffnungen, vielleicht auch Sorgen und Ängste.

WIE INTEGRIERT SIND SIE?

Sie haben zunächst grundlegende Veränderungen in Ihren Lebensgewohnheiten erlebt. Erst mal mussten Sie lernen, ein tägliches berufliches Pflichtprogramm zu erledigen. Einen guten Rhythmus zu finden war nicht ganz einfach. Herauszufinden, wie und wo Sie sich mit Ihren Fähigkeiten einbringen können, war eine weitere Herausforderung: Würden Sie wohl Freunde finden? Wie würden Sie mit den einheimischen Kollegen angesichts der Sprachbarriere klarkommen? Dazu kam vielleicht noch ein internationales Team. Nun, nach einiger

Zeit, können Sie sagen, dass Sie neben manch Herausforderndem schon viel Positives erlebt haben.

Dazu gehört z.B.:
- Sie sind von den einheimischen Kollegen akzeptiert und fühlen sich meist wohl mit Ihrer Arbeit.
- Sie freuen sich über Ihr „Zuhause".
- Sie haben Ihren Platz im Team gefunden.
- Mit dem anderen Klima kommen Sie gut zurecht, wenn auch manchmal mit Mühe.
- Ihre Kinder sind voll integriert in den Schulen.
- Zu Haushaltshilfen (falls vorhanden) hat sich ein freundliches Verhältnis entwickelt.
- Es gibt viele Kontakte und Einladungen von anderen Expats und Einheimischen.
- Im Garten steht eine eigene Kokospalme.

Vielleicht empfinden Sie den Einsatz aber auch als überaus schwierig. Sie haben das Gefühl, nie angekommen zu sein. Missverständnisse und Konflikte waren kraftintensiv. Häufig fühlten Sie sich überfordert. Jetzt sind Sie froh, es ist zu Ende.

Einen Lebensabschnitt in einer anderen Kultur zu verbringen, ist eine Bereicherung und ein Privileg. Das Leben und Arbeiten in einer anderen Kultur hat das Potenzial Ihr Leben zu bereichern. Sie können dadurch zu einem Menschen werden der mit einem höheren Maß an Flexibilität, Offenheit und Wertschätzung für Andersartigkeit zurück in die alte Heimat kommt.

DER RICHTIGE ZEITPUNKT FÜR EINEN UMZUG

Was gibt es zu bedenken bezüglich der Rückkehr in das Heimatland? Was kann uns in dieser Phase unterstützen?

Umzugszeiten sind Chaoszeiten, das wissen Sie. Koffer, Kisten, Krach, Kinder außer Kontrolle?

Das ist das Eine. Darüber hinaus befinden sich unsere Emotionen häufig ebenfalls im Chaos.

Manche reden von einem lachenden und einem weinenden Auge. Eine Achterbahnfahrt der Gefühle. Wie kann man das zusammenbringen? Der Stresslevel steigt langsam, aber stetig weiter an. Meist liegen dann irgendwann unsere Nerven blank.

Gibt es einen guten oder schlechten Zeitpunkt, den Umzug zu planen? Wann sind Umzüge zu empfehlen und wann nicht?

> **TIPP:**
>
> Ein paar Fragen, die Sie sich stellen sollten
> - Wie oft bin ich/sind wir schon umgezogen?
> - Was hat mich/uns am meisten in dieser Phase angestrengt und gestresst?
> - Was hat mir/uns dann gutgetan?
> - Was hilft mir, zur Ruhe zu kommen im Chaos?
> - Zu welcher Jahreszeit fällt mir der Umzug am leichtesten? Wann am schwersten?
> - Wenn Sie einen Partner haben: Sind beide Partner für den Umzug?

Zu bedenken ist auch die Dauer des Auslandseinsatzes. Wie lange wollten oder sollten Sie überhaupt im Ausland bleiben? Gibt es einen Zeitvertrag oder haben Sie alle Wahlmöglichkeiten offen? Je länger Sie im Ausland sind, desto größer sind die Herausforderungen bei der Rückkehr. Arbeitsmethoden und technische Hilfsmittel verändern sich. Das gilt auch bei einer Rückkehr ins eigene Unternehmen. Firmenhierarchien verändern sich: Der frühere Kollege ist inzwischen aufgestiegen und wird dann Ihr Vorgesetzter. Die Firmenleitung hat gewechselt. Der neue Boss legt einen ganz anderen Führungsstil an den Tag.

Dynamiken im Freundeskreis und Verein haben sich verändert. Familienstrukturen sind nicht mehr gleich. Freunde haben geheiratet oder sich getrennt. Kinder sind dazu gekommen. Bekannte sind umgezogen. Im Verein ist ein neuer Trainer, und der Vorstand hat gewechselt.

Der richtige Zeitpunkt für einen Umzug will bedacht sein. Nicht immer haben wir die Möglichkeit, ihn selbst zu bestimmen.

Mancher muss den Auslandsaufenthalt ungewollt vorzeitig beenden. Vielleicht aus familiären Gründen. Eventuell gab es politische Umwälzungen im Gastland, und das Visum wird nicht erneuert oder wir werden ausgewiesen. Es kann auch sein, dass die Entsendungsorganisation die Niederlassung schließt oder ihr Engagement beendet. Aus Sicherheitsgründen kann auch eine Evakuierung notwendig sein.

In solchen Fällen ist die Ausreise natürlich nicht so gut zu organisieren wie von langer Hand vorbereitet. Auch die emotionalen Herausforderungen sind dann von noch höherer Intensität. Unterstützung durch einen Spezialisten kann hier sehr hilfreich sein.

PARTNERSCHAFT UND KINDER IM ABSCHIED

ENTWICKLUNGSPHASEN BEI KINDERN

Im Alter von zwei bis drei Jahren entwickeln Kinder in der Regel einen Sinn für Ordnung. Sie lernen, wo ihre Schuhe in ihrem Umfeld normalerweise stehen, wo sich die Trinkgläser befinden, wo die Kleider hingehören und dass man die Türe schließt. Sie merken sich Tagesabläufe und entwickeln eine Routine, ein Gespür für die richtige Reihenfolge und Ordnung. Das ist ein wichtiges Fundament, um im späteren Leben strukturiert handeln zu können. Ein Kleinkind, das in einem Gastland aufwächst, entwickelt einen Ordnungssinn, der seiner momentanen Umgebung entspricht. In Umzugszeiten gerät nun das Lebenskonzept eines Kleinkindes durcheinander. In Umzugszeiten geht auch Ihnen als Erwachsenem normalerweise die Routine abhanden. Die Tagesabläufe sind anders, Sie suchen selbst nach Unterlagen, Kleidern und Schuhen. Da können Sie auch Ihren Kindern kaum Routine bieten.

Für Grundschüler spielen soziale Kontakte und ein gewohntes Schulsystem eine wichtige Rolle. Ein Kind im Alter von sechs bis zehn Jahren hat eine feste Vorstellung von „richtigem und falschem" Verhalten. Lebensweisen und Ausdrucksformen seines Gastlandes sind oft normal geworden. Das Erlernen von Fähigkeiten wie Lesen und Schreiben steht im Vordergrund. Dabei sind die Freunde zunehmend wichtiger. Die Beziehungen zu Lehrern und Erziehungspersonen sind oft intensiv und herzlich.

TIPP:

Versuchen Sie, so lange wie möglich vor dem Umzug die Routine zu erhalten und so schnell wie möglich nach dem Umzug wieder eine Routine zu entwickeln.

IDENTITÄTSKRISEN BEI JUGENDLICHEN

Steht ein Umzug vom Gastland in das Heimatland für einen Teenager an, sind Freunde und Freizeitaktivitäten entscheidend mit betroffen. Jugendliche orientieren sich stark an ihrer *peergroup*. Hobbys und Freizeitaktivitäten sind wichtig in ihrer Identitätsfindung. Ein Umzug in ein anders Land wird in jedem Fall einen starken Einfluss auf den Jugendlichen haben. Seine bisherige Welt gerät durcheinander. Psychologen haben beobachtet, dass es bei Umzügen mit Jugendlichen häufig zu Depressionen in dieser Altersgruppe kommt.

Gerade in diesem Alter findet eine Loslösung vom Elternhaus und eine Identitätssuche statt. Die Werte und Normen in der Gesellschaft helfen dem Jugendlichen dabei, herauszufinden, wer er ist. Findet in dieser Phase ein Umzug von einer Kultur in eine andere statt, kann das zu Verwirrung und Identitätsstörungen führen. Damit sind viele Jugendliche überfordert. Rückzug und Ablehnung sind die Folgen, die zu Depressionen führen können.

> **TIPP:**
>
> Relevante Fragen bei Abschieden mit Kindern
> - Wie oft ist unser Kind schon umgezogen? Wie hat es darauf reagiert?
> - In welcher Lebensphase unseres Kindes sind wir umgezogen?
> - Welche Herausforderungen hat unser Kind zur Zeit sowieso schon zu meistern?
> - Kennen wir andere Menschen mit ähnlichen Erfahrungen, zum Erfahrungsaustausch?
> - Was hilft unserem Kind in Stress und Chaos?
> - Welche Überlegungen müssen wir hinsichtlich der Schul- und Berufsausbildung anstellen?
> - Welche akademischen Herausforderungen kann unser Kind meistern? Wie stimmt das Curriculum des Gastlandes mit dem des Heimatlandes überein?
> - Wie wird sich der Umzug auf unterstützende Strukturen auswirken?

Routine und Wiederholung geben Sicherheit. Das ist besonders in Umzugszeiten hilfreich, da die Umstände und der Umbruch viel Unsicheres mit sich bringen. Was über lange Zeit Bestand hatte, gilt nicht mehr. Das kann Dinge beinhalten wie der Weg zur Arbeit, die Arbeitszeiten, der Kollegenkreis, Freizeitbeschäftigungen, Freunde. Bei Kindern Schule oder Kindergarten ebenso wie ein Tagesrhythmus. Auf der anderen Seite ist noch nicht klar, wie es sein wird. Das verunsichert. Alles, was an angenehmen Routinen erhalten werden kann, gibt Stabilität. Für manche ist es in Ruhe ein Kaffee am Morgen und eine Zeitung daneben, Einträge ins Tagebuch oder eine Runde joggen. Bei Familien kann es eine gemeinsame Mahlzeit, ein Spiel oder ein abendliches Geschichten lesen sein. Gerade auch Spirituelles wird von den meisten Menschen als wichtige Ressource erlebt. Das kann ein Gebet oder Meditation sein. Welche Routinen erleben Sie als stabilisierend? Was können Sie tun, um diese aufrechtzuerhalten?

JUGENDLICHE AN ENTSCHEIDUNGEN BETEILIGEN

Beteiligen Sie besonders ältere Kinder und Jugendliche an Entscheidungen. Wenn Sie das berücksichtigen, können sich Ihre Kinder besser mit Ihrer Entscheidung identifizieren und diese mittragen. Auch, wenn es den Prozess vielleicht verlängert. Ein weiterer ganz wichtiger Stabilisator ist Ihre Beziehung als Eltern zueinander.

PARTNERSCHAFT FÜR DEN UMZUG STARK MACHEN

Für Kinder gibt es wohl nichts Wichtigeres als die Beziehung der Eltern zueinander. Ihre Kinder sind mit sehr vielen Herausforderungen konfrontiert. Wenn sie wissen, dass Sie als Eltern sich lieben, miteinander durch dick und dünn gehen und mit Konflikten auf gesunde Weise umgehen, dann wird das den Kindern sehr helfen, mit den vielfältigen Herausforderungen umzugehen.

MITEINANDER: DAS ZÜNGLEIN AN DER WAAGE

Das Miteinander in der Partnerschaft ist auch für Sie ein Zünglein an der Waage. Jeder von Ihnen ist total gefordert, oft gestresst, nicht selten am Limit. Je stabiler Ihre Beziehung ist, desto besser können Sie mit den Herausforderungen umgehen. Das geschieht jedoch nicht von selbst.

TIPP:

Fragen, die Sie sich als Paar stellen dürfen
- Wie gut ist unsere Kommunikation? Wann gelingt unsere Kommunikation gut?
- Haben wir Zeiten nur für unsere Beziehung zum auftanken?
- Wie lösen wir Konflikte?
- Fällt es uns schwer, einander zu vergeben?
- Erleben wir eine erfüllte Sexualität miteinander? Was kann uns stärken?
- Können wir einander unsere Liebe so zum Ausdruck bringen, dass der andere sich wirklich geliebt fühlt?*
- Was stärkt meinen Partner besonders?
- Wie müssen die äußeren Umstände aussehen, damit wir frei sind, uns ganz ehrlich einander mitzuteilen?

---

* Um mehr darüber zu erfahren, könnten Sie beispielsweise *Die fünf Sprachen der Liebe – Wie Kommunikation in der Ehe gelingt* von Gary Chapmann lesen (weitere Ausführungen speziell für Kinder, Singles, Männer oder Familien sind ebenfalls erhältlich – *Die fünf Sprachen der Liebe für Kinder* ist z.B. ein gutes Buch, um unsere Kinder besser zu verstehen. Außerdem: *Gewaltfreie Kommunikation: Eine Sprache des Lebens* von Marshall B. Rosenberg.

Gute Kommunikation mit allen Beteiligten ist der Schlüssel zum erfolgreichen Umzug. Je besser und vertrauter die Beziehungen innerhalb der Partnerschaft und Familie sind, desto besser werden Sie den Umzug meistern. Schaffen Sie vor dem Umzug Zeiträume, um Ihre Beziehungen zu stärken.

DEN ABSCHIED FEIERN

Jetzt gehen Sie zurück in die Heimat. Ein Zeitpunkt für die Abreise steht fest, Ihre Zeit hier geht zu Ende. Sie haben vieles geschafft, Neues gewonnen, viel gelernt, Menschen und Orte liebgewonnen und einen ganz anderen Lebensstil mit all seinen Herausforderungen gemeistert. Vielleicht sind Sie sich dessen nicht sicher. Vieles erscheint Ihnen nicht greifbar. Dann nehmen Sie sich doch einmal eine Viertelstunde Zeit und schreiben Sie auf, wer die Leute sind, von denen Sie gelernt haben, die Ihnen etwas gegeben haben. Was hat Ihnen gefallen im Gastland? Welche Elemente der Kultur schätzen Sie? Sicher fällt Ihnen schnell einiges ein. Das ist es wert, gebührend gefeiert zu werden. Damit Sie den Abschied auch genießen können, sollten Sie vorher einiges beachten.

DIE RAFT-STRATEGIE*

„Raft" ist die englische Bezeichnung für „Floß". Ein Floß dient dazu, einen Fluss herunterzufahren. Die Rückkehr aus dem Ausland kann mit einer Flussfahrt verglichen werden. Damit

---

* Die RAFT-Strategie (nach David Pollock vgl. *Third Culture Kids – Aufwachsen in mehreren Kulturen,* Francke, 2003, S. 223)

das Floß den Fluss herunterkommt, muss es stabil gebaut werden. Die sogenannte RAFT-Strategie unterstützt Sie im Abschiedsprozess.

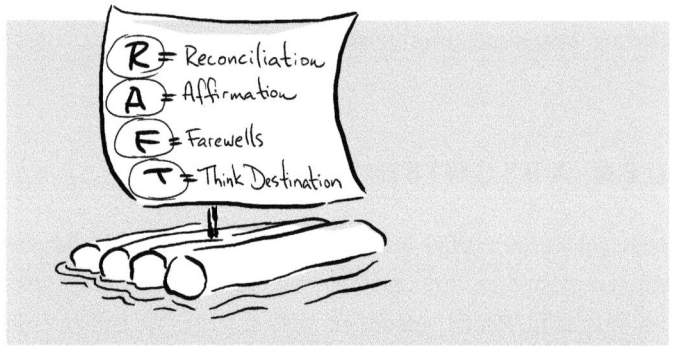

- R - Reconciliation = Versöhnung/Wiederherstellung
- A - Affirmation = Bestätigung/Wertschätzung
- F - Farewells = Abschiede
- T - Think Destination = Zieldenken

R - RECONCILIATION = VERSÖHNUNG/ WIEDERHERSTELLUNG

Missverständnisse und Konflikte können im Auslandseinsatz entstehen, in der Arbeitssituation, im Kollegenteam oder in der internationalen Gemeinschaft. Manchmal führt das dazu, dass Sie vielleicht nicht mehr miteinander reden oder einander aus dem Weg gehen. Vielleicht denken Sie: „Ach, ich geh sowieso weg und sehe den dann nicht mehr." Das stimmt zwar, allerdings kann eine solche Missstimmung einen bitteren Nachgeschmack zurücklassen, auch wenn Sie dann Tausende von Kilometern entfernt sind. Wie wäre es, wenn Sie noch einen Versuch unternehmen, aufeinander zuzugehen?

Die Abschiedsphase ist eine gute Gelegenheit, Konflikte zu bereinigen.

Versöhnung ist ein erster, sehr wichtiger „Stamm", um den Fluss des Abschiedes hinunterzufahren.

A - AFFIRMATION = BESTÄTIGUNG + WERTSCHÄTZUNG

Bestätigung und Wertschätzung bedeuten, dass Sie Ihre Dankbarkeit für das Erlebte ausdrücken. Manche Dinge haben Ihnen nicht so gefallen. Dennoch sind sie Gelegenheiten gewesen, Wertvolles zu lernen. Somit wird die Abschiedsfeier, bei allem noch so berechtigten Abschiedsschmerz, nicht ausschließlich zu einer Trauerfeier. Das ist für Sie als Erwachsener ebenso wichtig wie für mit ausgereiste Kinder. „Loben hebt nach oben", heißt es in einem Sprichwort. Als Eltern können Sie die Atmosphäre während der Umzugsphase entscheidend beeinflussen. Dankbarkeit und Wertschätzung schaffen eine Leichtigkeit und Freude, die auch ihre Kinder spüren werden. Das ist ein zweiter wichtiger Baustein.

F - FAREWELLS = ABSCHIEDE

Abschied bedeutet, auf gute und gesunde Weise „Tschüss" zu sagen. Das bezieht sich nicht nur auf Menschen, auch ein verabschieden Tieren und Orten kann sehr wichtig sein. Menschen, die Ihnen wichtig geworden sind in ihrem Auslandseinsatz, Kollegen, Nachbarn, Freunde aus der internationalen Gemeinschaft. Viele Dinge haben eine besondere Bedeutung bekommen in den letzten Jahren. Für manche ist es das Tragen bestimmter Kleidungstücke, die wärmenden Sonnenstrahlen am Morgen oder das würzige Essen. Sicher gibt es Orte, an denen Sie besonders gerne waren, das kann ein besonderer Urlaubsort sein oder der Platz unter der Palme vor dem Haus. Die Zeit, sich von Tieren zu verabschieden, ist besonders wichtig für Kinder, ob es das eigene Haustier ist oder die Kolibris vor dem Fenster. Von manchen Dingen, Orten oder Menschen möchten Sie sich ganz still und alleine verabschieden. Von anderen Dingen lieber lauter. Wenn das „Auf-Wiedersehen-Sagen" nicht auf angebrachte Weise stattfindet – das gilt für Sie als Erwachsener genauso wie für Ihre Kinder –, dann bleibt in Ihnen ein Geschmack der Unvollständigkeit zurück. Das ist unangenehm. Unser Inneres, unsere Seele kann sich dann ein Stück weit „weigern", Neues anzugehen.

TIPP:

Erstellen Sie acht Wochen vor der Ausreise eine Liste von Leuten, mit denen Sie noch Zeit verbringen möchten. Machen Sie Fotos von Tieren und Orten, die Ihnen wichtig sind. Gute Abschiedsrituale sind fundamental für ein stabiles RAFT und eine gelungene Abschiedsfeier.

UNFREIWILLIGER ABSCHIED

Falls Sie den Einsatzort sehr plötzlich verlassen mussten – vielleicht aufgrund politischer Umstände, der Sicherheitslage, Visa-Schwierigkeiten o. Ä. –, dann kann es emotional sehr anstrengend für Sie werden. Wenn Sie dann den Wunsch verspüren, zu einem späteren Zeitpunkt noch einmal wiederzukommen, sollten Sie dies wenn möglich auch tun. Ein professionelles Debriefing kann Sie unterstützen, die Situation emotional aufzuarbeiten.

Debriefing bedeutet eine gemachte Erfahrung, ein Erlebnis zu reflektieren, darüber nachzudenken und daraus eine neue Perspektive und Energie für die Zukunft zu gewinnen. Debriefing bedeutet auch, sich mit schweren Erfahrungen, vielleicht einem erschreckenden oder gar traumatischen Erlebnis auseinander zu setzen und wenn nötig Wiederherstellung zu erfahren. Auf den Punkt gebracht sorgt ein Debriefing dafür, dass:
- Emotionaler und körperlicher Stress reduziert wird.
- Ein „Burnout" verhindert und vorgebeugt wird.
- Der Rückkehr- und Re-Integrationsprozess beschleunigt wird.

T - THINK DESTINATION = ZIELDENKEN

Wenn Sie sich realistische Gedanken darüber gemacht haben, was Sie flussabwärts, zurück in der „Heimat", erwartet, können Sie die Floßfahrt gelöster antreten. Viele Menschen tragen bei der Rückkehr in die Heimat eine rosarote Brille. Sie haben häufig romantische Erinnerungen an das Leben vor der Ausreise. Den Kindern werden viele Geschichten über die tollen Möglichkeiten erzählt. Das hat auch seine Berechtigung. Übersehen Sie dabei aber nicht, dass die „Heimat" nicht mehr die gleiche ist wie vor der Ausreise. Manche sagen, ein Jahr im Ausland ist wie zwei Jahre weg. Das heißt, Sie sind in diesem Jahr in eine andere Welt eingetaucht, haben sich angepasst und verändert. Doch auch in der „alten" Heimat ist die Zeit nicht stehen geblieben. Dinge haben sich verändert. In Ihrer Firma oder Organisation wurden neue Abläufe oder Technologien eingeführt. Der ein oder andere Mitarbeiter hat vielleicht den Arbeitsplatz gewechselt. Auch in der Gesellschaft findet stetig ein Wandel statt. Ein Jahr ist gleich zwei Jahre ist sicherlich nicht ganz realistisch. Dennoch ist an dieser Aussage etwas dran. Wer meint, alles sei noch beim Alten, inklusive er selbst, kann bei der Rückkehr schnell enttäuscht sein.

Der Auslandsentsandte erlebt während der Zeit im Ausland häufig großes Interesse von den Daheimgebliebenen. Bei Heimataufenthalten fragen die Leuten nach, Mitarbeiter von humanitären Einrichtungen oder kirchlichen Entwicklungsdiensten erleben häufig eine Art Mystifizierung. Für ihren im Ausland oft als riskant und gefährlich eingestuften Einsatz werden sie bewundert. Seltsamerweise ist das bei einer endgültigen Rückkehr oder längeren Rückkehr dann meist gar nicht mehr der Fall. Damit hat der Rückkehrer nicht gerechnet und konnte es auch nicht.

Schnell kann es nach der Rückkehr zur Desillusionierung kommen, wenn Sie die Situation nicht mit einer gewissen Nüchternheit betrachten. Eine gute und realistische Vorbereitung hilft Ihnen dabei, vor mancher Enttäuschung bewahrt zu sein.

Manche Unternehmen und Organisationen ermöglichen einen „Heimataufenthalt" vor der eigentlichen Rückkehr. Das ist eine sehr schöne und hilfreiche Gelegenheit, sich vorab umzuschauen. Für Familien mit Kindern kann ein „Schnuppertag" in der neuen Schule oder dem Kindergarten sehr hilfreich sein. Kindern gibt das auch, wenn es dann wirklich los geht, eine gewisse Zuversicht: „Ich kenne das schon ein bisschen."

TIPP:

Eine spaßige Vorbereitung für den Wiedereinstieg im Heimatland ist es zu beobachten, welchen Kleidungsstil die Menschen im Heimatland zur Zeit haben, welche Redensarten oder Fernsehsendungen gerade populär sind. Nutzen Sie die Möglichkeiten des Internets, um sich über Angebote und Aktivitäten an Ihrem neuen (alten?) Heimatort zu informieren. Diese Überlegungen sowie die Fragen am Anfang dieses Kapitels helfen Ihnen, auch den letzten Baumstamm Ihres Floßes ins Wasser zu lassen.

PRAKTISCHE TIPPS FÜR DIE ABSCHIEDSFEIER

Jetzt geht es an die praktische Planung der Abschiedsfeier. Machen Sie sich rechtzeitig Gedanken über die W-Fragen: Wer?, Wo?, Was? usw.

Wenn Sie die Namenliste zirka ein bis zwei Monate vorher erstellen, fällt Ihnen auf, mit welchem der Gäste Sie vielleicht noch mehr Zeit verbringen oder etwas Besonderes unternehmen möchten. Bei der Party selbst bleibt für längere Einzelgespräche selten viel Zeit.

TIPP:

Nun noch ein paar weitere praktische Tipps:
Erinnerungsalbum

- Bitten Sie um persönliche Beiträge (vielleicht eine lustige, spannende oder schöne Begebenheit mit Ihnen).
- Machen Sie von jedem Gast ein Foto.
- Kleben Sie Foto und Geschichte später zusammen in ein Album.

So entsteht ein ganz besonderes Erinnerungsstück. Laden Sie zu einem gemeinsamen Essen ein, das kann in einem Lieblingsrestaurant sein oder bei Ihnen zu Hause. Manche mögen lieber mehrere kleine Feiern, andere veranstalten gerne eine ganz große Abschiedsfeier. Haben Sie Kinder, besprechen Sie mit ihnen wie sie sich die Feier vorstellen. Die Bedürfnisse können auch unter Geschwistern sehr unterschiedlich sein. Für manche Kinder kann eine eigene Feier auch emotional zu anstrengend sein. Für andere ist sie wiederum sehr wichtig.

GESCHENKE

Nehmen Sie sich bewusst Zeit, Abschiedsgeschenke auszuwählen. Ein Geschenk kann noch einmal in besonderer Weise Wertschätzung und Dankbarkeit ausdrücken. Wenn Sie mit Kindern unterwegs sind, kann es besonders wichtig sein, dem Kind die Gelegenheit zu bieten, noch ein sorgfältig ausgewähltes Geschenk weiterzugeben.

BALLONS

In Südostasien gibt es sogenannte „Himmelsballons", an anderen Orten nimmt man Gasballons, an denen man Gedanken des Dankes, gute Wünsche o. Ä. befestigt, bevor man sie steigen lässt. Nutzen Sie diese oder eine andere kreative Möglichkeit aus dem Kulturkreis, in dem Sie leben.

GEMEINSAME UNTERNEHMUNG

Ein gemeinsamer Ausflug zu einem besonders schönen oder bedeutungsvollen Ort kann im Abschied ein verbindendes Erlebnis sein. Vielleicht möchten Sie mit den Menschen, die Ihnen während des Auslandseinsatzes wichtig geworden sind, noch einmal an einer Sport- oder Musikveranstaltung teilnehmen. Auch der Besuch in einem besonderen Restaurant, an das Sie gemeinsame Erinnerungen haben, kann zu einem Ereignis werden, an das Sie sich noch lange gerne erinnern.

MUSIK UND TANZ

Haben Sie einheimische Tänze erlernt? Das darf dann zum Abschied nicht fehlen. Als Träger von Emotionen und Gefühlen sind Musik und Tanz zudem ein tolles Werkzeug, um uns im Abschied zu unterstützen.

ABSCHIEDSREDE

In einer Abschiedsrede haben Sie eine gute Gelegenheit, noch einmal Danke zu sagen. Lassen Sie diese Gelegenheit nicht ungenutzt.

Die Erinnerung an den Auslandseinsatz hängt maßgeblich vom Abschied ab. Nehmen Sie sich Zeit dafür. Schließen Sie gut und sauber ab, auf allen Ebenen, im Job genauso wie privat.

WAS IST NORMAL IM ABSCHIEDSPROZESS?

Sobald Sie sich dazu entschlossen haben, die Zeit im Ausland zu beenden, beginnt eine neue Phase. Zunächst fast unbemerkt beginnen Sie sich innerlich zu distanzieren. Oft fängt es damit an, dass ein Blick in den Terminkalender zeigt, dass bestimmte Ereignisse in Zukunft ohne Sie stattfinden werden, weil Sie zu diesem Zeitpunkt nicht mehr im Land sein werden. Innerlich beginnt nun auch ein Loslösungsprozess von bestehenden Beziehungen. Das ist eine ganz natürliche Reaktion.

MENTAL DEN KOFFER SCHON GEPACKT

„Mental habe ich meinen Koffer schon gepackt." Das beschreibt gut, was emotional passiert, auch wenn es noch drei oder vier Monate bis zum eigentlichen Koffer packen hin sind. In Gedanken leben Sie nun ein bisschen zwischen zwei Welten. Die kurzfristige Planung findet in Ihrem Gastland statt, und doch werden Sie nun täglich Entscheidungen treffen, die Ihre Zukunft wieder zurück im Heimatland betreffen.

AUF DISTANZ GEHEN

Ein Distanzieren schützt Sie ein Stück weit vor Verletzungen. Abschied ist meist unangenehm und tut weh, das mögen die wenigsten Menschen. Um uns zu schützen, ziehen wir uns meist ein bisschen zurück von Beziehungen. Es macht Ihnen in gewisser Weise den eigentlichen Abschied leichter. Aber das ist nur die halbe Wahrheit.

Auch die Menschen, die Ihnen vertraut geworden sind, gehen zur gleichen Zeit durch einen ähnlichen Prozess. Sie beginnen auch, innerlich und vielleicht auch äußerlich Abstand von Ihnen zu nehmen. Das ist nicht angenehm, wenn sich Kollegen, Freunde, Nachbarn oder die Klassenkameraden der Kinder langsam zurückziehen. Machen Sie sich bewusst, dass das Abstand nehmen der Freunde und Kollegen nicht persönlich gemeint ist.

SIE SIND NICHT MEHR GEFRAGT

Warum ist das so? Gestern noch waren Sie beste Freunde, super Kollegen, kamen glänzend miteinander aus, und jetzt sind die anderen auf einmal so kühl zu Ihnen. „Du gehst ja sowieso", sagen sie vielleicht, oder sie sagen gar nichts. Sie merken nur, dass die Menschen weniger mit Ihnen zu tun haben wollen. Sie sind bei Entscheidungen nicht mehr gefragt. Ihre Kinder werden vielleicht nicht mehr zu Geburtstagsfeiern oder Partys eingeladen, obwohl sie erst in drei Monaten abreisen. Das ist Teil des Abschiedsprozesses, wer sich dessen bewusst ist, kann besser damit umgehen.

DEN ABSCHIED ERLEICHTERN

Genauso wie Sie anfangen, sich zu verabschieden und die Verbindungen zu lockern, damit der eigentliche Abschied leichter wird, ist das auch für Ihre Kollegen wichtig. Sie müssen schon an die Zeit nach Ihrem Abschied denken. Was wird kommen, was nach Ihrem Weggang geschehen muss und kann? Das ist normal.

Wo das Distanzieren nicht geschieht und die Beziehung bis zur letzten Minute auf intensivstem Niveau weitergeführt wird, kommt der Abschiedsschmerz dann manchmal beim Einstieg in das Flugzeug mit großer Wucht.

Auf Distanz gehen und ausschließen sowie ausgeschlossen werden ist ein normaler und wichtiger Aspekt des Abschiednehmens, auch wenn es unangenehm ist. Seien Sie darauf gefasst.

KANN ICH MICH AUCH FALSCH VERABSCHIEDEN?

Vielleicht haben Sie so enge Beziehungen knüpfen können, mit den Menschen in Ihrem Gastland, dass sie nun am liebsten länger bleiben würden. Oder das Land mit all den Besonderheiten ist für Sie zur zweiten Heimat geworden, so dass Sie gar nicht weg wollen. Doch Ihr Vertrag läuft aus und Ihr Unternehmen/Ihre Organisation hat entschieden, dass Sie gehen müssen. Vielleicht hat sich auch die Situation vor Ort verändert. Sicherheitsfragen, Visa, Arbeitsgenehmigungen und anderes kann einem längeren Aufenthalt im Weg stehen. Ebenso Schul- und Ausbildungsfragen oder die eigene Karriere, Krankheit oder betagte Eltern, die Unterstützung benötigen.

SIE LIEBEN ES ...

Es mag sich für andere merkwürdig anhören, aber Sie lieben vielleicht einfach alles an der Wahlheimat, sogar die Verkehrsstaus und die Unpünktlichkeit der Menschen. Sie lieben, dass den Einheimischen Beziehungen viel wichtiger sind als das pünktliche Erfüllen von Aufgaben. Ihre Kinder fühlen sich wohl in der Auslandsschule. Sie haben ihren Weg gemacht. Sie haben sich integriert, haben Freunde gefunden. Sie selbst oder einer Ihrer Angehörigen wollen nicht zurück in das Land, das einst Ihre Heimat war.

SIE SIND FROH ...

Es kann natürlich auch sein, dass Sie erleichtert und froh sind, endlich gehen zu können. Endlich hat das Fremdsein ein Ende ...

Manchmal möchte ein Partner bleiben und der andere gehen. Sind Kinder dabei und man war mehrere Jahre im Ausland, findet sich meist eine besondere Dynamik.

DIE HEIMAT DER ELTERN

Für mitausgereiste Kinder kann der Schritt zurück in die „Heimat" sehr befremdend und unpassend erscheinen. Unabhängig davon, wie wohl Sie sich als Vater oder Mutter im Gastland gefühlt haben.

Wenn die Heimat im Herkunftsland der Eltern nur die Heimat der Eltern und nicht die der Kinder ist, wollen Ihre Kinder mit hoher Wahrscheinlichkeit nicht wegziehen. Für ein Kind, das entscheidende Jahre seiner Entwicklung im Ausland verbracht hat, ist dieses Land zur Heimat geworden. Dieses Kind identifiziert sich mit den Lebensgewohnheiten und der Lebensart in seinem Umfeld. Ein Wegzug ist emotional schwer zu verstehen, und das Kind reagiert oft mit Widerstand, sich zu verabschieden. Dieser kann in Rückzug (nach Innen) oder durch Ärger, Wut oder unangemessene Reaktionen nach außen sichtbar werden.

Machen Sie sich als Eltern bewusst, dass dies normal ist. Ihr Kind hat einfach nicht dieselbe Bindung zur „alten Heimat" wie Sie. Versuchen Sie Ihrem Kind mit Verständnis zu beggnen. Erläutern Sie – altersentsprechend – wie Sie zu der Entscheidung gekommen sind. Erlauben Sie Ihrem Kind den Frust und den Ärger auszudrücken. Das kann mit Worten geschehen, aber auch durch Malen oder andere kreative Mittel. Für manche Kinder ist es wichtig, durch Bewegung und Körpergefühl Emotionen zum Ausdruck zu bringen. Für manche kann das rennen und toben sein, für andere ist es ein Boxsack oder eine Rückenmassage.

Manche Kinder lehnen die Entscheidung komplett ab. Sie versuchen stattdessen so weiter zu leben wie bisher, manchmal noch intensiver. Es kann auch vorkommen, dass Kinder in ein emotionales Loch fallen, das bis hin zu einer schweren Depression führen kann.

Sollten Sie bei Ihrem Kind über einen Zeitraum von mehreren Monaten einen starken sozialen Rückzug oder Gereiztheit beobachten, suchen Sie das Gespräch mit einem Kinderarzt oder Kinderpsychologen.

VERMEIDEN DES ABSCHIEDES

Bei Erwachsenen sind ähnliche Reaktionen möglich. Vor der Abreise müssen viele Dinge erledigt werden, da passiert es leicht, die eigenen Gefühle und den Abschiedsschmerz zu verdrängen.

WENN MAN GAR NICHT WEG WILL …

So, wie es Ihnen schwer fiel zu akzeptieren, dass die Zeit im Gastland zu Ende geht, so wird es auch schwierig zu akzeptieren und zu einer inneren Annahme zu kommen, dass Sie nun wieder in Ihrem Heimatland leben werden. Wer den Gedanken an den Abschied verdrängt, wird auch der Ankunft mit zwiespältigen Gefühlen oder einer gewissen Weigerung entgegensehen. Das sind keine guten Voraussetzungen für einen guten Start in der neuen alten „Heimat".

Wenn Sie die Wirklichkeit des Abschieds verneinen, wird es schwierig, der Ankunft in der „Heimat" gegenüber offen zu sein. Wer nicht offen mit all den begleitenden Emotionen und Gedanken eines Abschiedsprozesses umgeht, wird es schwer finden, hier anzukommen. Abschied ist kein angenehmer Prozess, aber ein sehr wichtiger Schritt. Diesen sollten Sie sehr bewusst gehen, nicht nur körperlich.

TIPP:

Auslandserfahrung lohnt sich wirklich. Wir erwerben im Ausland nicht nur berufliche Qualifikationen, sondern erleben einen Zuwachs an Toleranz, Flexibilität und Weitblick.

- Der Zeitpunkt für eine Rückkehr sollte umfassend bedacht werden.
- Gute Kommunikation mit allen Beteiligten ist der Schlüssel zum Erfolg.
- Bedenken Sie, welche Situationen für Sie beim letzten Umzug am herausforderndsten waren. Was hat am meisten Stress verursacht?
- Ist ein Partner mit von der Partie, planen Sie gemeinsam und verteilen die Aufgaben den Präferenzen entsprechend.
- Sind Kinder dabei, überlegen Sie, wie Sie diese in die Entscheidungsprozesse altersentsprechend mit einbeziehen können.
- Verabschieden Sie sich gründlich und gut, auch wenn es nicht leicht ist.

Umzug

IM CHAOS BIN ICH KÖNIG?

42 Verlust von Status

45 Chaos und Zerrissenheit

47 Umzug – im Chaos bin ich König?

49 Zukunftssorgen

Je nachdem, wann genau Sie Ihre Zelte abbrechen, den letzten Arbeitstag haben, dann in den Flieger steigen und in der „Heimat" den neuen Job beginnen, kann sich diese Übergangsphase auf unbestimmte Zeit hinstrecken. Aber was genau passiert in der Zeit zwischen dem Ende des Auslandsaufenthaltes und dem Wiederbeginn zu Hause?

VERLUST VON STATUS

Im letzten Kapitel haben Sie gesehen, dass die Kollegen normalerweise anfangen, ohne Sie zu planen, wenn sie erfahren, dass Sie gehen. An der neuen (vielleicht sogar im alten Unternehmen) Arbeitsstelle – im Heimatland haben Sie Ihren Posten noch nicht eingenommen. So sitzen Sie nun gewissermaßen zwischen den Stühlen. In mancher Hinsicht kann man sogar sagen: Statuslos. Das ist verwirrend und verunsichert, Sie kennen sich nun in vielem nicht mehr aus.

AMBIVALENZ

Die Situation ist für Sie ambivalent. Einerseits ist es gut, wenn Sie sich so viel Zeit wie möglich lassen zwischen dem Ende des bisherigen Jobs und dem Beginn des neuen. Denn es gibt einfach so viel zu erledigen. Der Umzug ist enorm anstrengend und kostet Sie höchst wahrscheinlich sehr viel Kraft. Das Packen braucht seine Zeit, die Abschiede und das Willkommen bei Familie und Freunden usw. genauso. Andererseits, wie es in einem Sprichwort heißt: „Lang hingezogene Hoffnung macht das Herz krank." Wenn diese Phase zwischen bisherigem und neuem Job mehrere Monate andauert, dann verunsichert das unter Umständen auch sehr. Es ist nicht wirklich möglich, neue Strukturen aufzubauen, die Ihnen und Ihrer Familie Sicherheit geben. Sie können häufig Ihre Fachkenntnisse nicht mehr oder noch nicht einsetzen. Da Leistung in unserer Gesellschaft einen sehr hohen Stellenwert hat, kann es sein, dass Sie in dieser Situation dann eher verunsichert sind. Sie befinden sich innerlich und äußerlich im Umzugschaos.

STATUSLOS

Statuslos bedeutet auch, dass der Status, den Sie vor der Umzugsphase hatten, nicht mehr vorhanden ist. Viele Auslandsentsandte übernehmen im Auslandsengagement eine vielfältigere, oft sehr verantwortungsvolle Position. Oft repräsentieren sie dabei ihre Firma und Organisation oder auch ihr Land. Viele Auslandsentsandte genießen zudem in der Gastkultur hohes Ansehen. Sie werden zu Botschaftsempfängen oder zum Honorarkonsul eingeladen. Treffen mit den Geschäftsführern, Projektmanagern anderer Unternehmen gehören zum Alltag. Besondere Veranstaltungen der Auslandshandelskammern oder lokaler Partner werden besucht. Überall ist der Expat etwas Besonderes. Wer mehr im Non-Profit-Bereich beschäftigt ist, geht zu Treffen der Vereinten Nationen und deren Unterorganisationen. Ständig trifft man Entscheidungsträger aus der ganzen Welt.

Man kennt Sie. Und Sie kennen die Anderen.

Nun geht es unter Umständen in den Mutterkonzern zurück. Sie müssen vielleicht einen Posten besetzen, der wesentlich weniger Entscheidungsfreiheit beinhaltet, als der bisherige im Ausland, anstatt die Karriereleiter noch höher zu erklimmen. Oder Ihre Erfahrungen, die sie in den letzten Jahren gesammelt haben, scheinen hier gerade nicht gefragt zu sein. Es kommt zu einem Statusverlust. Für die meisten Menschen ist das schwer zu ertragen. Selbst wenn die Rückkehr in die Heimat eine berufliche oder finanzielle Verbesserung mit sich bringt, ist die Phase vor dem Neubeginn verwirrend und sehr herausfordernd.

DIE KINDER

In vielen Einsatzländern fallen die Kinder auf, weil sie anders sind als die Einheimischen. Je nachdem wo man war, fielen sie alleine schon durch ihre Haut- und Haarfarbe auf. Vielleicht auch wegen ihres Akzentes, ihrer Kleidung oder anderer Gewohnheiten.

Manche genossen es, dass sie jeden Tag von Mama, Papa oder dem Chauffeur in die Schule gefahren wurden. Wenn Sie als Familie in einem mehr ländlichen Gebiet lebten, hatten die Kinder vielleicht ihren eigenen Lernhelfer. Eine Haushaltshilfe kümmerte sich um das Aufräumen der Schmutzwäsche. Sie erledigte vielleicht auch die meisten Aufgaben im Haus, wie Fegen, Tisch decken und abräumen sowie Zimmer aufräumen, so dass die Kinder hier nichts zu tun hatten.

Schon während der Rückreise heißt es, sich umzugewöhnen, und zurück in der „Heimat" gibt es meist keine Haushaltshilfe, keinen Lernhelfer und keinen Gärtner mehr. Die Haltestelle für den Schulbus ist zehn Minuten zu Fuß vom Haus entfernt.

ZUM NACHDENKEN:

Auch die Kinder verlieren ihren Status.

- Im Ausland waren sie immer „etwas Besonderes", „zu Hause" sind sie noch nicht angekommen und wissen nicht genau, wer und wie sie sein werden.
- Oft fühlen sie sich orientierungslos und hin und her gerissen zwischen der Begeisterung für etwas Neues und dem Verlust des Gewohnten. Dinge, die im Alltag selbstverständlich waren, werden im „Heimatland" hinterfragt oder sind nicht bekannt. So verlieren sie Status und einen Großteil ihrer Alltagskompetenz.

CHAOS UND ZERRISSENHEIT

Statuslosigkeit verunsichert und trägt zum innerlichen Chaos in den Gedanken und Emotionen des Heimkehrers bei. Das Chaos von Umzugskartons, Kisten und Kästen wirkt dabei auch nicht beruhigend und vermittelt kein Gefühl der Sicherheit. Alles fühlt sich irgendwie unsicher an.

BEZIEHUNGSCHAOS

Auf der einen Seite werden Beziehungen beendet und fast zeitgleich neue geschlossen.

Das ist eine außerordentliche Herausforderung. Es kann wirklich überwältigend sein. Ein Chaos der Gefühle. Rückkehrer beschreiben, dass sie sich zunächst irgendwie isoliert, im luftleeren Raum, zwischen den Stühlen, nirgendwo dazugehörig und manchmal ziemlich alleine fühlen.

TIPP:

Verbringen Sie zum Abschluss, zwischen Abreise und Ankunft, ein paar Tage in einem schönen Hotel. Am besten irgendwo in einem Drittland. Das kann Ruhe in den emotional aufwühlenden Ablauf des Transfers bringen.

CHAOS DES UNERLEDIGTEN

Nebenbei beschäftigen Sie 1001 praktische Fragen, viele aktuelle Probleme sind zu lösen:
- Welche Umzugsfirma beauftrage ich?
- Was nehme ich mit und was bleibt da?
- Wo will oder sollte ich zurück in der „Heimat", wohnen?
- Wie bekomme ich am einfachsten ein Fahrzeug, wie werde ich das alte los?
- Wann genau ist der beste Zeitpunkt zum Verschiffen der Möbel?
- Was muss ich alles wann kündigen?
- Wann sollte ich was anmelden?
- Wann sollte ich die Wohnung räumen und in ein Hotel einziehen?
- Welche Schule ist die geeignetste für die Kinder?
- Werde ich schnell Freunde finden?
- Wie werde ich wohl in der Arbeit klar kommen?
- Wie wird es mit den Verwandten in der alten Heimat?

UMZUG – IM CHAOS BIN ICH KÖNIG?

CHECKLISTE UMZUG

3 Monate vorher
- Mietvertrag kündigen
- Genauen Umzugstermin festlegen
- Möbel organisieren: Was nehmen Sie mit – was bleibt da/ wird verkauft oder verschenkt?
- Angebote von Umzugsfirmen einholen
- Kündigung von Abos, Mitgliedschaften, Gas- und Wasserversorgern etc.
- Wenn Sie Kinder haben, ist nun ein guter Zeitpunkt, die Kinder langsam auf den bevorstehenden Umzug vorzubereiten
- Erläutern Sie altersentsprechend die Gründe
- Neuen/Neue Kindergarten/Schule aussuchen und an-/abmelden
- Ggf. wichtige Dokumente übersetzen und beglaubigen lassen
- Lassen Sie sich Zertifikate ausstellen für evtl. neu erworbene Kenntnisse
- Bei Umzug mit Tieren über Impfvorschriften / Quarantäne informieren
- Planen Sie, was Sie noch unternehmen wollen, wen Sie besuchen oder einladen möchten.

1 Monat vorher
- Neue Anschrift Kollegen/Verwandten/Freunden mitteilen
- Ummelden bei Vertragspartnern (Banken, Versicherungen etc.)
- Abschiedsparty planen
- Ggf. eigene Abschiedsparty für Kinder planen

2 Wochen vorher
- Festgelegte Termine mit Handwerkern bestätigen
- Energiekostenabrechnung checken
- Nachsendeantrag beim Postamt stellen (falls möglich)
- Kartons packen – wenn Sie Kinder haben, beziehen Sie diese mit ein. Was einem Erwachsenen überflüssig erscheint, kann für ein Kind von großer Bedeutung sein. Vielleicht ist es wichtig für das Kind einen bestimmten Gegenstand in Reichweite zu behalten. Ggf. Kinder mit einbeziehen – besprechen, was in Reichweite bleiben soll

1 Woche vorher
- „Überlebenskoffer" packen (Kleider, Hygieneartikel, Medikamente)
- Persönliche Unterlagen und wichtige Papiere bereitlegen
- Planen Sie bewusst Pausen ein, dies ist erst die halbe Strecke, eine weitere Anstrengung, das eigentliche Ankommen, liegt noch vor Ihnen.
- Wenn Sie Kinder haben, nehmen Sie sich ggf. Zeit zum Spielen mit Ihren Kindern oder einfach Zeit zum Genießen der schönen Dinge im Land, an die sich gerne später erinnern möchten.

Planen Sie bewusst einige „Routinemomente" ein. In all dem, was Sie zurücklassen, gibt es einiges, das Ihnen bleibt. Überlegen Sie, welche Abläufe werden ähnlich sein in Ihrer Tagesplanung? Jeder Mensch entwickelt eine gewisse Routine, wie der Tag beginnt. Für manche ist das die Tasse Kaffee im Bett, für andere die Musik in der Dusche. Das ist sehr individuell und kann oft auch mitten im Transfer beibehalten werden. In vielen Familien gibt es für die Kinder am Abend eine

Gutenachtgeschichte oder ein Abendgebet. Vielleicht gibt es in der Woche einen besonderen Abend, an dem Sie als Paar etwas Besonderes miteinander unternehmen. Das Beibehalten einiger kleiner persönlicher Traditionen oder Rituale kann viel Stabilität in unstabilen Zeiten bedeuten.

Chaos und Statuslosigkeit verunsichern und verwirren, Sie kennen sich nicht mehr aus. Das kann manchmal Angst machen. Unsicherheit und Angst sind Teil eines Veränderungsprozesses und ganz normale Reaktionen auf eine unnormale Situation. Akzeptieren Sie diese Reaktionen in Ihnen als Teil einer vorübergehenden Phase!

ZUKUNFTSSORGEN

Mit dem Verlust von Status und dem inneren Chaos kommt es häufig zu einer Dynamik, die Angst hervorruft sowie zu einem Verlust an Selbstwert.

Sie kennen sich in Ihrem Umfeld nun nicht mehr so gut aus. Lebensgewohnheiten, vertraute Menschen in Ihrem Umfeld, eine tägliche Routine und Aufgabenfelder verändern sich oder fallen komplett weg. Die Frage nach der eigenen Identität taucht nun auf. Sie sind dann nicht mehr, wer Sie waren und wissen noch nicht wirklich, wer Sie sein werden. Für die meisten Rückkehrer aus dem Ausland ist es sehr unangenehm, nicht mehr die Kontrolle über sich selbst und die Umstände zu haben. Sie fühlen sich verunsichert, vielleicht auch emotional instabil.

EMOTIONALE INSTABILITÄT BEI KINDERN

Emotionale Instabilität lässt sich bei Kindern leicht erkennen:
- Vermehrtes Schreien oder Weinen
- Rückzug (sie reden weniger als normal)
- Reden und Erzählen (sie reden mehr als normal)
- Das Einhalten von Regeln und Absprachen fällt ihnen schwer
- Protesthaltung oder Eigensinn
- Ein angespanntes Festhalten an Menschen, Dingen und Orten
- Zurückgehen in der Entwicklungsstufe, z. B. erneutes Bettnässen
- Verlernen von bereits erworbenen Fähigkeiten, wie Sprechen, Laufen oder selbstständiges Essen. Bei Schulkindern kommt es häufig zu einem Leistungsabfall oder einer Konzentrationsschwäche.

EMOTIONALE INSTABILITÄT BEI ERWACHSENEN

Auch bei Erwachsenen können ähnliche Symptomatiken und Entwicklungen auftreten. Ein Ehepaar berichtet davon. Sabine L.:

> *„Ich bin aufgekratzt, sehr unruhig, ja ruhelos und schlafe schlecht. Ich merke, wie sich dann Stimmungsschwankungen in mir breitmachen. Dann finde ich es schwierig, alleine zu sein, ohne Freunde und ohne meinen Partner."*

Peter L.:

> *„Das Container packen, die logistischen Probleme, der Arbeitsplatz, all das macht mich hektisch, ich habe keinen klaren Kopf mehr, ich schaffe weniger und bin dann blockiert. Ich habe tausend Gedanken im Kopf und kriege dann doch wenig gebacken. Innerlich bin ich angespannt und aktiv, irgendwie werde ich unsicher."*

JEDER REAGIERT ANDERS

Unsere Reaktionen auf den steigenden Stresslevel in diesen Tagen, Wochen und Monaten sind verschieden. Jeder Erwachsene und jedes Kind reagiert anders. Was kann hier helfen?

TIPP:

Erinnern Sie sich an Ihren letzten Umzug oder allgemein an vergangene Umzüge!
- Was fanden Sie dabei am anstrengendsten?
- Wie hat sich das emotional auf Sie ausgewirkt?
- Hat Ihnen etwas Angst gemacht? Was genau?
- Was gibt Ihnen in dieser Situation Sicherheit?
- Was hat Ihnen dabei geholfen, mit dem Stress umzugehen? Was hilft Ihnen generell bei Stress?
- Welche Möglichkeiten bieten sich Ihnen momentan, den Stress zu reduzieren?

VERSCHIEDENE BEDÜRFNISSE ERKENNEN

Genau wie unsere Reaktionen auf Stress und Chaos verschieden sind, so sind es auch unsere Bedürfnisse in diesen Situationen. Für manche Menschen ist es wichtig, sich in solchen Situationen zurückziehen zu können. Das kann bei einer Lektüre sein, mit einem Kreuzworträtsel, einer kreativen Arbeit oder durch Sport. Andere brauchen in extremen Stresssituationen Menschen um sich herum, mit denen Sie gemeinsam aktiv sein können. Als eher extrovertierte Person ist es wichtig, über den angestauten Stress reden zu können. Personen mit einer eher introvertierten Neigung finden Tätigkeiten wie Handarbeiten, Musizieren oder Schreiben oft als entlastend. Die Bedürfnisse und die persönliche Strategie zur Stressreduzierung sind so vielfältig und individuell wie jeder Mensch es ist.

In einer akuten Stressphase greift jeder auf seine ureigene Strategie zurück. Ein gewisser Egozentrismus entwickelt sich. Daher sind Konflikte, neben all dem anderen, vorprogrammiert. Deshalb ist es wichtig, dass wir bewusst Zeiten einplanen, uns mit uns nahe stehenden Personen, unserem Partner und gegebenenfalls unseren Kindern (altersentsprechend) darüber auszutauschen, wie die Situation uns verändert und welche Bedürfnisse wir haben.

Die Unterschiedlichkeit der Bedürfnisse jedes Einzelnen können dann anderes wahrgenommen und wertgeschätzt werden.

Frau M.:

> „Mir hilft dann der Austausch mit anderen und mit meinem Partner und dass ich Zeit finde, mich mit mir selbst auseinanderzusetzen. Wenn ich dann ungeteilte Aufmerksamkeit erhalte und mir zugehört wird, fühle ich mich sicherer, mit meinem Partner verbunden und nicht so alleine. Das macht mich glücklich."

Herr B.:

> „Mir hilft, wenn ich mich zurückziehen darf, mich erst einmal sortieren kann oder wenn ich dann mal rausgehen und eine Runde joggen kann."

Andere berichten davon, dass es ihnen hilft, wenn sie Strukturen schaffen dürfen, ihnen Aufgaben abgenommen werden, die ihnen nicht liegen. Auch gute Planung und das Festhalten von Aufgaben auf Listen werden als hilfreich empfunden. Wichtig ist auch, dass die Partner voneinander wissen, wie es ihnen geht, wie sie zueinander stehen und was sie beschäftigt.

TIPP:

Tipp für Paare und Familien:
Fragen Sie Ihren Partner und Ihre Kinder: „Wie kann ich dich am besten unterstützen?"

Die Umzugszeit birgt das Potenzial, als Chaos- und Streitzeit in Ihre Familiengeschichte einzugehen, die Sie so schnell wie möglich vergessen wollen. Sie hat aber auch das Potenzial, zu einem besonderen Familienschatz zu werden, zu etwas, was Sie verbindet. Das wird Ihnen dann zu einer Kraftquelle für Beruf und Alltagsaufgaben und zu etwas, woran Sie miteinander auch in zehn Jahren noch gerne zurückdenken.

TIPP:

Umzugszeiten stressen uns. Wir verlieren das, was lange Zeit gewohnt und sicher war. Unsere Reaktionen im Umzugsstress und unsere Bedürfnisse sind verschieden.

- Gute Zeiten mit Freunden oder mit dem Partner und den Kindern füllen Ihren Tank auf und helfen Ihnen, gut durch die Chaoszeit zu kommen. Aber sie kommen nicht automatisch zustande.
- Alle Beteiligten verlieren ihren Status. Das als normal anzuerkennen, bringt paradoxerweise Sicherheit.
- „Installieren" Sie ganz bewusst Ruhepausen im Übergang.
- Finden Sie heraus, wie Sie sich stärken und aufbauen können.
- Wie genau können Sie den Tank auffüllen? Wie oft würde Ihnen das guttun?

Ankunft

HEIMAT, DU HAST MICH WIEDER

57	Zehn Überlebenstipps nach der Rückkehr
61	Kulturstress bei der Rückkehr
63	Mit Verlusten und Trauer umgehen
72	Wiedersehen mit Kollegen, Familie und Freunden
74	Tipps für Vorgesetzte, Kollegen, Verwandte und Freunde
82	Herausforderungen für Kinder und Jugendliche

Willkommen!

Super, wieder daheim! Am Flughafen werden Sie empfangen. Familie W., die nach neun Jahren aus Peking zurückkehrte, berichtete von einem großen Willkommensbanner am Flughafen.

Umarmungen, Willkommensgeschenke, Sie sind wieder da, alle freuen sich. Die Familienangehörigen sind begeistert über ein Wiedersehen. Alle sind sehr nett zu Ihnen. Die Kollegen (alt oder neu) wollen genauso wie die Nachbarn von Ihnen hören. Selbst im Chor und Fußballverein zeigen die Menschen Interesse bei der ersten Begegnung nach Ihrer Ankunft im Heimatland.

LIEBER ALLEINE!

Manche Rückkehrer bevorzugen auch eine ganz stille Rückkehr. Sie sagen niemanden Bescheid, dass Sie wieder kommen. Sie brauchen erst einmal eine Auszeit. Alles war so aufwühlend, emotional und anstrengend. Vielleicht auch ungeplant, ungewollt und einfach schwierig. Sie wollen vielleicht lieber erst einmal keine bekannten Gesichter sehen. Sie ziehen sich zurück. Das darf jetzt auch sein, wenn es Ihnen gut tut.

WER HÖRT ZU?

Wie viel Zeit geben Ihnen die Menschen, die Sie so freudig willkommen geheißen haben? Wie lange hören sie zu, wenn sie von all dem, was Sie erlebt haben, erzählen? Wer hört überhaupt wirklich richtig zu?

Meist endet das Interesse des Gegenübers schon nach sehr kurzer Zeit. Bevor Sie richtig beginnen mit Ihren Erzählungen, ist der Andere schon wieder weiter gegangen. Jeder scheint einen vollen Terminkalender zu haben. Oft endet die Konversation mit einer kurzen Begrüßung: „Hallo, wie war's in …" – und schon verschwindet der Gesprächspartner wieder in seiner Welt.

Vieles wird Ihnen anders oder manches auch besonders vorkommen. Je nachdem, wo Sie waren, freuen Sie sich über fließend kaltes und warmes Wasser 24 Stunden am Tag, den Strom, die Internetverbindung. Auch das Angebot bei Aldi, Lidl und Co. ist klasse. Davon hätten Sie in … nur geträumt. Doch wenn die erste Begeisterung verflogen ist, was dann?

ZEHN ÜBERLEBENSTIPPS NACH DER RÜCKKEHR

Die folgenden Empfehlungen sind besonders hilfreich im ersten Jahr nach der Rückkehr:

1. STECKEN SIE SICH REALISTISCHE ZIELE!

Es braucht einfach Zeit, sich wieder einzugewöhnen, besonders wenn Sie länger im Ausland waren. Meistens tendieren Heimkehrer dazu, sich die Ziele zu hoch zu stecken, nach dem Motto: „Hier kennen wir uns ja schließlich aus." Das kann dazu führen, dass sie ständig unter Hochspannung stehen.

2. NEHMEN SIE SICH ZEIT ZUM BEOBACHTEN!

Einerseits ist es gut, schnell wieder soziale Kontakte zu knüpfen und sich einzubringen. Andererseits hat sich vieles verändert. Nehmen Sie sich doch erst einmal Zeit zum Zuschauen. Vieleicht ist der Lebensrhythmus ein ganz anderer als in Ihrem Gastland. Umgangsformen, die Ihnen vertraut waren, können Ihnen nun sogar ein wenig fremd erscheinen.

3. HABEN SIE SPASS!

Sie entdecken neue und alte Dinge, die Ihnen Spaß machen und Ihnen Entspannung bringen. Im Ausland konnten Sie vielleicht nicht Fahrrad fahren oder joggen. Manche Rückkehrer entdecken neu eine große Freude an der Natur im Heimatland. Den kühlen Wind, die frische Luft, das Gras, auf dem man bedenkenlos barfuß gehen kann. Das ist jetzt wieder möglich – hurra!

4. PLANEN SIE PAUSEN EIN!

Erinnern Sie sich daran, dass Sie nicht alles hundertprozentig tun können. Die unerledigten Aufgaben türmen sich schnell in der Zeit der Rückkehr. Denken Sie in dieser Phase daran, dass Ihr Körper ausreichend Schlaf braucht. Es ist ganz normal, in dieser Übergangsphase ein höheres Schlafbedürfnis zu haben. Auch die richtige Ernährung spielt eine Rolle für Ihr Wohlbefinden in dieser sehr anstrengenden Zeit. Die vielen Süßigkeiten und Fertigprodukte in den Regalen der Supermärkte erscheinen verlockend zu Beginn. Eine ausgewogene Ernährung gibt dem Körper die Kraft, die er braucht in dieser Zeit.

5. SEIEN SIE DOCH EINFACH MAL EIN BISSCHEN VERRÜCKT!

Sie waren länger weg. Das hat Sie verändert, und das ist okay. Das, was in Ihrem Heimatort als Norm gilt, passt nun vielleicht nicht mehr zu Ihnen. Die Erlebnisse und Begegnungen mit Menschen aus einem anderen Kulturkreis haben Sie geprägt und verändert. Sie dürfen ruhig ein bisschen exzentrisch wirken und sein.

6. LEBEN SIE FLEXIBILITÄT!

Sie haben vielleicht viele Pläne für Ihr Leben „zu Hause" gemacht. Meistens lässt sich nicht alles realisieren. Oft sind die Umstände, die Sie vorfinden, anders, als Sie es sich vorgestellt haben. Das kann dann schnell zu Enttäuschungen führen. Seien Sie deshalb lieber flexibel und darauf vorbereitet. Die erste Zeit ist eine chaotische Zeit. Das ist normal.

7. NEHMEN SIE DIE SITUATION NICHT ZU ERNST!

Nehmen Sie sich selbst nicht zu ernst: Bei allem Bemühen, sich schnell wieder anzupassen, werden Sie in manche Fettnäpfchen treten. Ähnlich wie bei Ihrer Ankunft im Gastland, werden Ihnen, nun zurück in der Heimat, Missgeschicke passieren. Wer dann einmal herzlich über sich selbst lachen kann, hat viel gewonnen.

8. HABEN SIE GEDULD MIT SICH SELBST!

Die Daheimgebliebenen verstehen Sie und Ihre exotischen Erfahrungen meist nicht. Umgekehrt verstehen Sie die anderen in ihrem Umfeld oft nicht. Sie brauchen hier Geduld und

Feingefühl. Wenn Sie Interesse am Leben der Daheimgebliebenen zeigen, fällt Ihnen der Einstieg leichter.

9. ÜBEN SIE VERGEBUNG!

Wenn Sie aus Ihrem Unverständnis heraus einen Fehler gemacht haben, verzeihen Sie sich selbst. Umgekehrt, verzeihen Sie auch Ihrem Partner oder Ihren Kindern, wenn diese für eine Unstimmigkeit verantwortlich sind. Sprechen Sie dann mit jemandem, der auch mal im Ausland war oder tauschen Sie sich mit Ihrem Partner und Kindern am Wochenende über die Missgeschicke und Fettnäpfchen der vergangenen Woche aus. Bei Popcorn und Chips können Sie dann entspannt und herzhaft darüber lachen.

10. ZEIGEN SIE DANKBARKEIT UND ERMUTIGUNG!

Einander Danke zu sagen und sich gegenseitig zu ermutigen wirkt wie eine Vitaminkur, auch im Re-Entry.

Die Re-Integration nach der Rückkehr aus dem Ausland dauert lange. Lassen Sie sich Zeit, lachen Sie über sich selbst, stecken Sie gerade am Anfang Ihre Ziele weniger hoch.

TIPP:

Suchen Sie bald nach der Rückkehr einen Arzt zu einem gründlichen Check-up auf.

Andauernde Kopf- oder Magenschmerzen, Hautausschläge oder Gliederschmerzen können ein Hinweis auf eine mitgebrachte Krankheit sein. Diese Symptome können jedoch auch durch starken Stress hervorgerufen werden. Die klimatischen Veränderungen können sich auf die Schilddrüsenfunktion auswirken. Das kann manchmal die Ursache für emotionale Verstimmungen sein.

Im Anhang finden Sie einen Hinweis zu Tropeninstituten, bei denen Sie entsprechende Beratung bekommen können.

KULTURSTRESS BEI DER RÜCKKEHR

Den meisten Menschen ist bekannt, dass es bei der Auslandsentsendung zu Kulturstress kommt. Doch die wenigsten sind darauf gefasst, dass dies bei der Rückkehr auch passieren kann.

Die Stresstabelle von Thomas H. Holmes (siehe unten) illustriert hervorragend, mit welchen Herausforderungen wir es bei einer Entsendung ins Ausland zu tun haben. Holmes Forschungen belegen, dass bei einer Akkumulation von mehr als 300 Punkten innerhalb eines Jahres eine bis zu 80-prozentige Chance besteht, innerhalb des Folgejahres ernsthaft zu erkranken (physisch oder psychisch).

Folgenden Stressfaktoren ist der Mitarbeiter bei der Auslandsentsendung mit größter Wahrscheinlichkeit ausgesetzt:

CHECKLISTE:

Stressfaktoren bei der Auslandsentsendung

Aktivität	Stresspunkte
• Veränderung der Arbeit	36
• Veränderung der Lebensbedingungen	25
• Veränderung der persönlichen Angewohnheiten	24
• Veränderung der Arbeitsstunden	20
• Veränderung des Wohnortes	20
• Veränderung der Freizeitbeschäftigungen	19
• Veränderung der sozialen Aktivitäten	18
• Veränderung der Familienaktivitäten	15
• Veränderung der Ernährungsgewohnheiten	15
• Veränderung der Sprache	50
• Veränderung der finanziellen Verhältnisse	38
Gesamtpunktzahl	280

Darüber hinaus kann es zu folgenden weiteren Stress hervorrufenden Situationen kommen:

- Verletzungen oder Unfälle — 36
- Erkrankungen eines Familienmitgliedes — 25
- Eheprobleme — 24
- Sexprobleme — 20
- Veränderung der Schlafgewohnheiten — 20

TIPP:

Überlegen Sie einmal, mit welchen der angegebenen Stressfaktoren Sie vermutlich bei der Rückkehr zu tun haben werden! Bei der Rückkehr in die „Heimat" muss eine Rückanpassung stattfinden.

FAUSTREGEL

Je erfolgreicher Sie im Ausland waren, desto schwieriger ist es bei der Rückkehr.

Der Grund dafür: Wer im Ausland erfolgreich ist, hat sich dort sehr gut angepasst. Das dort gelernte Verhalten passt allerdings zurück in der „Heimat" nicht mehr ins System.

Sie müssen mit Kulturstress bei der Rückkehr rechnen. Überlegen Sie, welche Faktoren Sie am meisten anstrengen, aufregen und nerven werden und was Sie dagegen tun können.

MIT VERLUSTEN UND TRAUER UMGEHEN

Wer kennt es nicht, das bekannte Lied von Simon and Garfunkel: „Bridge over troubled water"? Genau darum geht es: eine Brücke über das durch unseren Umzug in uns aufgewühlte Wasser zu bauen. Das Diagramm zeigt Ihnen, wie Sie das Wasser sicher überqueren können.

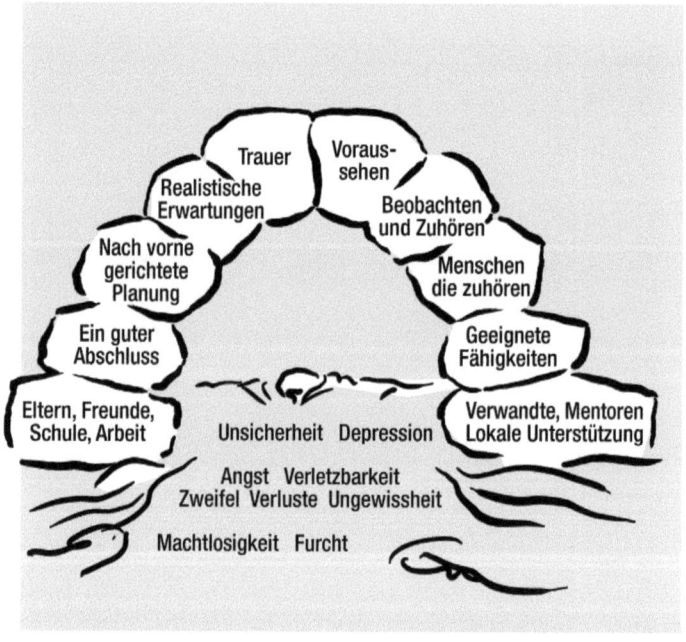

Im Idealfall sind Sie auf der einen Seite der Brücke – im Ausland – sicher und eingebunden, Sie kennen sich aus, sind zufrieden und akzeptiert. Gute und etablierte Beziehungen zu Eltern und Freunden in der Schule, zu Arbeitskollegen und einer Gemeinschaft von Gleichgesinnten bilden den Grundstein für Ihr Leben vor Ort im Ausland.

Jetzt, bedingt durch den Umzug, liegt vor Ihnen ein wilder und reißender Fluss der Unsicherheit, Ungewissheit, Verletzbarkeit und Verluste. Das macht Ihnen vielleicht Angst, Sie zweifeln, fürchten sich, fühlen sich ohnmächtig und sind vielleicht sogar schwermütig. Sie fragen sich, wie Sie das schaffen sollen.

Die Brücke, die Sie über den reißenden Fluss bringt, wird aus einer Reihe von Steinen gebaut: zunächst einmal der Stein eines guten, positiven Abschließens. Wir gehen nicht im Groll, Beziehungen sind geklärt und in Ordnung. Als Nächstes ist da eine nach vorne gerichtete Planung, die Ihnen Perspektive und Mut gibt. Sie verschaffen sich ein realistisches Bild von der „alten Heimat". Sie informieren sich über die Dinge, die Sie zu erwarten haben, und Sie sind sich der Schwierigkeiten und Chancen bewusst, die sich durch den Umzug ergeben. Gleichzeitig gestehen Sie sich ein, dass es okay ist, traurig zu sein. Weder Sie selbst noch Ihr Partner oder die Kinder müssen die ganze Zeit kontrolliert sein. Trauer ist normal und wichtig. Nehmen Sie sich angemessen Zeit dafür.

Trauer: Wir trauern nur, wenn wir etwas verlieren, was für uns bedeutungsvoll und wichtig ist. Trauer gibt somit dem nicht mehr Vorhandenen seinen Wert. Trauer ist wichtig. Wir trauern auf verschiedene Weise. Jeder trauert anders. Wie drücken Sie Traurigkeit aus? Wie Ihr Partner und gegebenenfalls Ihre Kinder? Manchmal findet man keine Worte. Malen kann sehr hilfreich sein. Aufschreiben oder auch ein Symbol zu finden, welches für die Trauer über den Verlust steht, wird von vielen Menschen ebenfalls als unterstützend erlebt.

Nun schauen Sie voraus. Sie nehmen sich Zeit zum Zuhören und Beobachten. Die meisten von uns sind ausgestattet mit zwei Augen, zwei Ohren und einem Mund. In den Sprüchen Salomos steht: „Wer antwortet, bevor er überhaupt zugehört hat, zeigt seine Dummheit und macht sich lächerlich." Durch aufmerksames Beobachten können Sie vieles selbst entdecken.

Andererseits ist es wichtig, Menschen zu kennen und zu treffen, die Ihnen zuhören und die verstehen, wie es Ihnen geht. Wer in Ihrer Umgebung ist vielleicht auch schon einmal für längere Zeit im Ausland gewesen oder ist sogar aus dem Ausland zugezogen? Zurück in der „Heimat" treffen Sie sicher Menschen, die Sie verstehen und unterstützen in Ihren durch den Auslandsaufenthalt veränderten Denkweisen.

Im Reisegepäck haben Sie, neben manchen Andenken, besondere Fähigkeiten mitgebracht, die Sie nun anwenden möchten. Welche dieser Fähigkeiten können Sie in Ihrem privaten Bereich einsetzen, mit welchen können Sie sich in Ihrer Firma oder Organisation einbringen?

So wie Sie bei Ihrer Ausreise von Ihrem Unternehmen in der Vorbereitung auf die Gastkultur unterstützt wurden, kann Ihre Firma Sie nun durch ein professionelles Debriefing und Re-Entry-Seminar unterstützen. Vorgesetzte und Kollegen, die sich bewusst mit der Thematik der Rückkehr auseinandergesetzt haben, werden Ihnen nun verständnisvoll begegnen.

Auch Verwandte, die sich im Vorfeld über die Dynamik der Rückkehr informieren, sind eher verständnisvoll und lassen Ihnen Zeit, wirklich wieder anzukommen. So gelingt die Rückkehr und Re-Integration und wird zu einem echten Gewinn für alle Beteiligten.

REENTRY-COACHING

Die in einem Auslandseinsatz gemachten Erlebnisse und Erfahrungen enthalten viele Ressourcen. Diese einzusetzen, ist laut Forschung von Global Relocation Trends der größte Wunsch von Rückkehrern. Der Blick und die Unterstützung eines Experten können hier extrem hilfreich sein. Weitere Möglichkeiten finden Sie im Anhang.

EIN NEUER ARBEITSPLATZ?

Vielleicht waren Sie von Ihrem Unternehmen für eine Zeit ins Ausland entsandt und können jetzt in den Mutterkonzern zurückkehren. Vielleicht waren Sie aber auch mit einem festen Vertrag auf Zeit mit einer Entsendungsorganisation, evtl. im Entwicklungsdienst, im Ausland. Sie haben nun den Vertrag erfüllt und jetzt erfolgt die Rückkehr und damit auch die Jobsuche.

Die Stellensuche von Rückkehrern verläuft nicht selten langwierig und schwierig. Nicht immer wird ein interessanter Auslandseinsatz als ein Plus im Lebenslauf angesehen. Wichtig für Sie ist, genau zu überlegen und zu dokumentieren, was Sie neben den beruflichen Grundqualifikationen im Ausland an Zusatzkompetenzen und Soft Skills erlernt haben.

Viele Rückkehrer haben Zusatzkompetenzen im Ausland erworben, können diese aber nicht dokumentieren. Das ist sehr schade. Ein gut geführtes Portfolio mit Nachweisen der verschiedenen Zusatzqualifikationen ist wichtig bei der Stellensuche. Sollten Sie nicht für alle Weiterbildungen ein Zertifikat haben, versuchen Sie im Nachhinein Nachweise, Zertifikate und Ähnliches zu erhalten.

Für Menschen, die im Entwicklungsdienst tätig waren, spielt auch das Image einer solchen Arbeit in der Gesellschaft und bei potenziellen Arbeitgebern eine nicht geringe Rolle. Das gilt besonders, wenn Sie jetzt in die Industrie oder ein wettbewerbsorientiertes Umfeld wechseln wollen. Menschen, die im sogenannten Non-Profit-Bereich tätig waren, werden manchmal von Personalchefs, deren Firma auf Gewinn ausgerichtet ist, mit Skepsis betrachtet. Machen Sie sich Gedanken darüber, wie Sie Ihre Erfahrung in eine für den gewinnorientierten Markt sinnvolle und ansprechend wirkende Sprache „übersetzen" können. Sie haben vielleicht hohe interpersonale Erfahrungen gesammelt oder Sie konnten Ihre Fähigkeiten im logistischen Bereich erheblich erweitern. Haben Sie eine weitere Sprache erlernt oder konnten Sie Ihre bisherigen Sprachkenntnisse vertiefen und sprechen nun ein verhandlungssicheres Englisch oder Spanisch? All das, was Sie sich im Ausland erworben haben, oft auch durch praktische Erfahrungen, kann für Ihre Bewerbung genutzt werden. Eine Reflexion und Auflistung dieser Fähigkeiten und Kompetenzen stärkt Sie auch in Ihrem Selbstbewusstsein. Das ist bei all den Unsicherheiten eine nicht zu unterschätzende Ressource.

Weiter spielt natürlich auch die allgemeine Situation auf dem Arbeitsmarkt sowie Ihr Alter eine Rolle bei der Arbeitssuche. Nicht selten kommt es nach einer Vertragsbeendigung im Ausland zu einer vorübergehenden Arbeitslosigkeit.

TIPP:

Oft führt die Rückkehr aus dem Ausland zu einem Arbeitsplatzwechsel. Stellen Sie sicher, dass Sie sämtliche im Ausland erworbenen Qualifikationen gut dokumentieren und zielgruppengerecht kommunizieren können.

ARBEITSLOSIGKEIT

Viele Firmen und Organisationen bevorzugen, ihren Mitarbeitern einen lokalen Auslandsvertrag zu geben. Das kann auch eine Anstellung der lokalen Dependance sein. Für den Entsender ist das normalerweise finanziell günstiger. Es ist für Sie wichtig zu wissen, dass falls Sie im Gastland einen lokalen Vertrag hatten, der mit dem Auslandsaufenthalt zu Ende geht, Sie in Deutschland kein Recht auf Arbeitslosengeld haben. Denn grundsätzlich gilt: Anspruch auf Arbeitslosengeld hat nur, wer vom Tag der Antragstellung an gerechnet, in den vergangenen zwei Jahren mindestens zwölf Monate am Stück in die gesetzliche Arbeitslosenversicherung eingezahlt hat.

Bei Beschäftigung in der EU gibt es Sonderregeln. Man kann sich die Zeit anrechnen lassen und somit doch noch Zugang zu Arbeitslosenunterstützung erhalten. Die entscheidende

Bedingung lautet jedoch, dass ein Rückkehrer noch vor der Beantragung der Arbeitslosenunterstützung mindestens einen Tag in Deutschland sozialversicherungspflichtig beschäftigt gewesen sein muss.

Institutionen, wie der *Bund der Auslands-Erwerbstätigen* (BDAE) e.V. in Hamburg oder international aufgestellte Jobvermittlungsagenturen wie *Departer*, beraten Personen, die ins Ausland gehen, ausführlich und weisen auf mögliche Risiken hin.

Laut einer Untersuchung der Arbeitsgemeinschaft der Entwicklungsdienste aus dem Jahre 2006 (leider liegen bei der Veröffentlichung dieses Buches keine aktuelleren Zahlen vor) sind über 70 Prozent der Rückkehrer, die im Entwicklungsdienst tätig waren, von Arbeitslosigkeit betroffen. Die durchschnittliche Dauer der Arbeitslosigkeit beträgt zehn Monate.*

Eine Arbeitslosigkeit wird in den seltensten Fällen vom Betroffenen als angenehm erlebt. Nach einer Rückkehr aus dem Ausland kann sie für Sie aber auch eine Chance darstellen. Sie bekommen ein Zeitfenster, um sich zu orientieren. Sie müssen nicht sofort nach Ankunft in der „Heimat" loslegen, ohne Zeit zu haben, erst einmal zu sich selbst zu finden. Sie können, dürfen und sollten sich im Falle einer Arbeitslosigkeit Zeit nehmen, um zu beobachten: Wie hat sich der Lebensstil und das Verhalten der Menschen im Miteinander verändert? Was hat sich an der Sprache und dem Umgang mit Sprache verändert? Vieles von dem, was früher normal

....

* Koch, Jens u. Widmaier, Christa im Auftrag der Arbeitsgemeinschaft der Entwicklungsdienste (AGdD). Untersuchung zur beruflichen und sozialen Re-Integration ehemaliger Entwicklungshelfer und Entwicklungshelferinnen. Berlin/Bonn, im September 2006, S. 52.)

war, ist jetzt eher ungewöhnlich und das, was früher eher ungewöhnlich war, ist jetzt zum Teil normal geworden. Die Gesellschaft und der Umgang mit der Umwelt haben sich verändert, wenn Sie ein paar Jahre im Ausland gelebt haben.

Gerade wenn Sie längere Zeit im Ausland waren, gibt es hier zwischen Ihrem eigenen Verhalten und dem der „Daheimgebliebenen" häufig Diskrepanzen. Oft ganz unbemerkt passen sich sogenannte Expats ihrer neuen Umgebung an und verändern manche ihrer alten Gewohnheiten.

Nutzen Sie die Zeit der Arbeitssuche, um weitere Kompetenzen zu erwerben oder miteinander zu verknüpfen. Auf diese Weise können Sie im Ausland begonnene Kenntnisse und Fähigkeiten vervollständigen. Bildlich gesprochen ein Paket zuschnüren und vervollständigen.

Denken Sie dabei immer daran, dass Ihre Erfahrungen in den Ohren eines künftigen Arbeitgebers Sinn machen müssen.

Nutzen Sie die Zeit, um sich noch klarer über Ihre beruflichen Ziele zu werden. Die allermeisten Rückkehrer verfügen über ein sehr hohes Bildungsniveau. Im Bereich der Entwicklungshilfe haben 79 Prozent einen Hochschulabschluss, und 21 Prozent haben ihre berufliche Ausbildung mit der Meister- oder Gesellenprüfung abgeschlossen, fast die Hälfte hat zwei Berufsabschlüsse und 62 Prozent nehmen nach der Rückkehr an Maßnahmen zur beruflichen Weiterbildung teil. Das zeigt eine große Lernbereitschaft.

Zusammen mit den reflektierten und dokumentierten im Ausland erworbenen Qualifikationen haben Sie somit sehr gute Voraussetzungen, bald einen Arbeitsplatz zu finden, an dem Sie sich einbringen können.

Häufig führt die Rückkehr aus dem Ausland zu einer vorübergehenden Arbeitslosigkeit. Das ist meist unangenehm. Be- und ergreifen Sie diese Zeitfenster als Chance, Begonnenes zu vervollständigen, neue Qualifikationen zu erwerben und sich darüber klar zu werden, was Sie wirklich wollen.

Der Verlust eines guten Jobs mit verschiedensten Privilegien und eines lieb gewordenen Zuhauses ist und darf traurig sein. Ein Verständnis des gesunden Abschiedsprozesses ist enorm wichtig, um durch die damit verbundenen Turbulenzen zu kommen. Setzen Sie sich damit bewusst auseinander!

WIEDERSEHEN MIT KOLLEGEN, FAMILIE UND FREUNDEN

Sie haben während Ihrer Abwesenheit von zu Hause viel Sympathie und Interesse von Kollegen, Freunden und Familie erfahren. Aber jetzt sind Sie plötzlich wieder ganz zurückgekehrt und sind zunächst nicht sicher, wie Sie sich verhalten sollen. Was kann Ihnen hier Orientierung geben?

CHECKLISTE:

- Wer in Ihrem Bekannten- oder Freundeskreis wird Sie verstehen können, weil er oder sie durch eine ähnliche Phase gegangen ist? Nehmen Sie sich ein paar Minuten und schreiben die Namen der Personen auf.
- Machen Sie sich im Vorfeld Gedanken darüber, wie Ihr Umfeld (Familie, Freunde, Bekannte und Arbeitskollegen) reagieren wird. Werden sie Ihnen 3 bis 5 Minuten Zeit geben, um von Ihren Erlebnissen zu berichten, oder werden sie viel mehr Interesse zeigen?
- Was sagen Sie den Arbeitskollegen und Leuten, die gar keinen Bezug zu Ihren Erfahrungen haben? Überlegen Sie sich 2 bis 3 Sätze, die die Kollegen verstehen können!
- Es kann vorkommen, dass Sie als Heimkehrer die Spannung und Begeisterung, welche Sie im Ausland erlebten, zu Hause vermissen. Seien Sie darauf vorbereitet.
- Unterstützen Sie die Projekte, die Kollegen und Freunde während Ihrer Abwesenheit entwickelt haben.
- Lassen Sie sich Zeit beim Wiedereinfinden im Familien-, Freundes- und Kollegenkreis.
- Nehmen Sie sich nicht zu viel auf einmal vor. Das lässt schnell müde und erschöpft werden, und wer erschöpft ist, fühlt sich schnell auch mal niedergedrückt.

- Nehmen Sie sich Zeit, anderen zuzuhören. Wenn Sie sich auf die Erlebenswelt der Menschen in Ihrem Umfeld einlassen und bereit sind zuzuhören, werden die Menschen in den meisten Fällen auch gerne ein bisschen von Ihnen hören wollen.
- Halten Sie sich an die Regeln und Traditionen im Familien-, Freundes- und Kollegenkreis. Sie haben durch die Begegnung mit Menschen aus den unterschiedlichsten Kulturkreisen eine große Offenheit und Flexibilität gewonnen. Ihre Daheimgebliebenen Verwandten konnten diese Erfahrung nicht machen.

Überlegen Sie sich, wer von Ihren Kollegen Sie verstehen wird. Wie lange wird er Ihnen zuhören? Was genau werden Sie sagen?

TIPPS FÜR VORGESETZTE, KOLLEGEN, VERWANDTE UND FREUNDE

Stellen Sie sich vor, Ihr Kollege (vielleicht auch Verwandter oder Freund) kommt zurück aus dem Ausland. Es kann sein, dass Sie denken: „Der kennt sich ja hier aus, ist ja schließlich sein alter Arbeitsplatz. In ein paar Wochen ist der wieder voll integriert." Doch leider funktioniert es nicht so einfach.

Bei der Rückkehr in die „Heimat" erlebt der Rückkehrer im Arbeitsleben häufig einen Verlust an Status und gegebenenfalls an Privilegien: Selbst wenn die Rückkehr mit einer beruflichen Förderung verbunden sein sollte, was jedoch nicht selbstverständlich ist, verliert die eigene Position die Bedeutung, die sie in der fremden Kultur hatte.

Ein Rückkehrer erzählt:

> „Ich habe Einladungen bekommen vom Generalkonsul, vom Bürgermeister und so weiter. Man spielte, wenn man es so sagen kann, direkt in einer anderen Liga als in Deutschland."

VERLUST AN AUTONOMIE

Vor allem das oft so hohe Maß an Selbstbestimmung und Verantwortung bei Auslandseinsätzen reduziert sich bei der Rückkehr in die „Heimat" in der Regel. Oft bleibt der erworbene Wissens- und Qualifikationszuwachs unberücksichtigt und unerkannt. Daher ist die Wiedereingliederung bei vielen Rückkehrern nicht selten ein frustrierendes Erlebnis mit hohem Konfliktpotenzial.

RE-INTEGRATION GELINGT NICHT AUTOMATISCH

Für Unternehmen, die das wertvolle Potenzial an internationalen Erfahrungen ihrer Auslandsrückkehrer nutzen wollen, stellt gerade die Reintegration eine große Herausforderung dar.

Gelingt es nicht, diese zu lösen, wird der Rückkehrer kaum in der Lage sein, seine gewonnenen Einsichten und Erfahrungen nutzbringend in das Unternehmen oder die Organisation einzubringen. Wenn der Mitarbeiter sich zurückzieht und schließlich kündigt, verliert das Unternehmen wertvolle Marktkenntnisse und Kontakte sowie einen wichtigen Mitarbeiter.

Manfred S. erzählt:

„Als ich nach acht Jahren im Ausland schließlich zurück in meiner alten Firma war, fragten die Kollegen, die mich noch kannten, zwar, wie es gewesen war, aber mehr als zwei Minuten hatten sie in der Regel nicht, um mir zuzuhören. Sie wollten nicht wirklich wissen, was ich gelernt hatte."

Für das Reentry Coaching eines großen süddeutschen Unternehmens waren eigentlich drei Teilnehmer angemeldet. Am Veranstaltungstag erschien nur einer. Auf die Frage, was mit den anderen sei, wurde dem Reentry-Coach mitgeteilt, dass die beiden anderen Kollegen bereits gekündigt hätten.

Eine gute Unterstützung lohnt sich. Wie kann sie praktisch geschehen?

- *Hören Sie zu.* Nehmen Sie sich Zeit, dem Auslandsrückkehrer zuzuhören. Manches wird sich vielleicht exotisch anhören. Nehmen Sie sich trotzdem die Zeit und hören zu. Im Ausland war Ihr Kollege/Mitarbeiter wahrscheinlich sehr gefragt und angesehen. Jetzt kann es sein, dass er sich unterbewertet und nicht richtig verstanden fühlt.
- *Potenzial einsetzen.* In welcher Position kann Ihr Mitarbeiter die gewonnenen Erfahrungen am besten in die Firma einbringen? Ihr Rückkehrer hat im Ausland viel gelernt. Setzen Sie sein Wissen bewusst für die Ziele der Firma ein. Welche praktischen Möglichkeiten stehen Ihnen hier zur Verfügung?

- *Sprachkenntnis.* Vielleicht hat Ihr Mitarbeiter die meiste Zeit in Englisch oder einer anderen Sprache kommuniziert. Hier verfügt er nun über gute Kenntnisse. Wie könnten Sie diese nutzen?
- *Interkulturelle Sensibilität.* Ihr Mitarbeiter musste sich vor Ort anpassen, um die Herausforderungen zu meistern. Er hat somit gelernt, Menschen mit anderem kulturellen Hintergrund zu verstehen, evtl. anzuleiten und zu führen. Haben Sie vielleicht Mitarbeiter aus anderen Kulturen im Unternehmen, die davon profitieren könnten?
- *Sprachlücken.* Aufgrund der notwendigen Kommunikation in einer anderen Sprache im Gastland kann es passieren, dass ihm deutsche Begriffe nicht sofort einfallen. Das ist ganz normal und kann immer wieder einmal passieren.
- *Erwartungen.* Sprechen Sie mit ihm möglichst detailliert und vor allem offen und ehrlich über gegenseitige Erwartungen.

RÜCKKEHRER FÜHLEN SICH ALLEINGELASSEN

71,6 Prozent der Unternehmen in Deutschland haben kein Programm zur Wiedereingliederung. „Rückkehrer fühlen sich in der Firma oft alleingelassen, ihre beruflichen Erfahrungen werden wenig genutzt", bestätigt Kirsten Nazarkiewicz, Deutschland-Chefin des europäischen Expat-Dienstleisters *Net Expat*. Die Folge: Frustrierte Rückkehrer kündigen oft kurze Zeit nach ihrer Rückkehr. „Unternehmen verlieren so wichtige Know-how-Träger, in die sie teuer investiert haben", warnt Mark Smith, Partner der Wirtschaftsprüfungsgesellschaft *Ernst & Young*. Im schlimmsten Fall lassen sich die Mitarbeiter nicht wieder integrieren, es droht ein *Brain Drain* – die Abwanderung von Spitzenkräften. Denn nicht selten ergeht es Heimkehrern wie Peter G.:

> *„Mir ist so manches hier fremd geworden, und wenn ich jetzt hierherkomme auf Besuch, dann sehe ich das Land und die Menschen mit anderen Augen. Und wenn ich da irgendwelche Aussagen höre oder Sachen erlebe, wundere ich mich schon stärker als früher. Früher war alles normal für mich, weil ich es nicht anders kannte. Jetzt, hier, fühle ich mich nicht zu Hause, nicht mehr zu Hause, auch wenn es meine Sprache ist, auch wenn ich hier sehr viel schätze und großartig finde und schon auch Heimweh habe, hin und wieder. So habe ich Schwierigkeiten, mir hier jetzt eine Zukunft vorstellen zu können."*

WIE RE-INTEGRATIONSSEMINARE HELFEN KÖNNEN

- Re-Integrationsseminare helfen dem Rückkehrer, die gewonnenen Erfahrungen aufzuarbeiten und leichter mit der eigenen Situation umzugehen.
- Sie helfen, den eigenen Qualifikationszuwachs bewusst zu machen und diese neuen Kompetenzen gezielt einzusetzen.
- Sie helfen den Rückkehrern, zu sehen, wie sie von anderen im Unternehmen häufig wahrgenommen werden – und warum.
- Sie verdeutlichen, welche Verhaltensweisen Rückkehrer besser vermeiden sollten, um mit Kollegen und Vorgesetzten besser zurechtzukommen.

- Sie helfen, Bedürfnisse und Erwartungen mit den künftigen Möglichkeiten im Unternehmen in Übereinstimmung zu bringen.
- Sie verdeutlichen auch, welche Erfahrungen und Erlebnisse die „private" Re-Integration erschweren. Dabei müssen die Mitausreisenden einbezogen werden.

Was Leute über das Re-Integrations-Coaching sagen:

> *„Ich fand das Reentry Coaching & Debriefing sehr hilfreich. Danach konnte ich relaxter in die Zukunft blicken. Vielen Dank!"* (I.L., Auslandsaufenthalt in Indien)
>
> *„Es war für mich sehr wichtig."* (Dr. J.C., Auslandsaufenthalt in Pakistan)
>
> *„Seit dem Debriefing fühle ich mich in Deutschland angekommen."* (D.T Auslandsaufenthalt in Thailand)
>
> *„Meiner Meinung nach sollte ein Reentry Coaching & Debriefing nach einer intensiven Zeit im Ausland nicht fehlen."* (E. W. Auslandsaufenthalt in USA)
>
> *„Manchmal können Dinge auch klitzeklein sein und doch ein unglaubliches Gewicht erzeugen. Ich habe sie beinahe nicht gesehen und erst gemerkt, dass sie weg waren, als mir buchstäblich das Gewicht auf den Schultern fehlte. Nie hätte ich gedacht, dass dies so körperlich spürbar sein würde."* (T.G., Auslandsaufenthalt in Haiti)
>
> *„Sie haben uns mit Ihrem Dienst regelmäßig geholfen, gute und schwierige Erfahrungen auszuwerten und abzuschließen. Sowohl unseren Teams, als auch einzelnen Mitarbeitern. So konnten wir erleben, wie gut es sich weiter gehen lässt, wenn man gut ausgewertet hat, auch nach schwierigen Erlebnissen."* (J. Fänder, Direktor, JmeM)

TIPPS FÜR VERWANDTE UND FREUNDE

Seien Sie darauf gefasst, dass Ihr Heimkehrer unter der Zeitverschiebung leidet. Er braucht eine Weile, um sich wieder umzustellen. Normalerweise braucht der menschliche Körper pro Stunde Zeitunterschied einen Tag, bis die innere Uhr sich umgestellt hat. Ihr Heimkehrer hat sich durch seinen Auslandsaufenthalt verändert. Die Erfahrungen in einer anderen Kultur haben Spuren hinterlassen. Je intensiver man sich mit den Menschen und der Kultur eines Volkes auseinandersetzt und je intensiver die Erlebnisse sind, desto größer und deutlicher können diese Spuren sein. Seien Sie darauf vorbereitet. Ihr Verwandter/Freund mag sich eingesperrt vorkommen.

Der Heimkehrer hat im Auslandseinsatz eine Horizonterweiterung erlebt. Er hat gesehen, dass man die Dinge auch anders angehen kann. Nun, zurück in der „Heimat", wo die Dinge eben so getan werden, wie man sie immer schon getan hat, kann er das als eng empfinden und sich eingesperrt vorkommen. Das ist normal. Vorbereitungsseminare im Rahmen der Aussendung gehören zum Standard.

Geben Sie Ihrem Rückkehrer auch Zeit, sich wieder an zu Hause zu gewöhnen, auch an eventuelle Veränderungen im Umfeld. Planen Sie nicht zu viele Dinge für Ihren Heimkehrer. Nach all den Erlebnissen und Eindrücken im Ausland sowie dem Flug nach Hause und der plötzlichen Herausforderung, wieder im Alten und Bekannten zu sein, ist es ganz normal, dass man müde und erschöpft ist.

In einer normalen Konversation ergänzen sich die Aussagen der Teilnehmer. Man bewegt sich auf einer Ebene. Kommunikation im Alltag funktioniert wie eine Wippe. Ein gleichmäßiger Austausch beider Partner findet in einem angemessenen Rhythmus statt. Jeder der beiden Partner hat einen Beitrag zu einem Thema. Die Wippe geht rauf und runter. Beide Partner sind aufgrund der eigenen ähnlichen Erfahrung etwa „gleich schwer".

Die manchmal völlig anderen – ja exotisch anmutenden – Erfahrungen des Rückkehrers machen ihn zu „dem Dicken" auf der Wippe. Wenn Sie nicht selbst schon in einer ähnlichen Situation waren, können Sie hier nicht „mit wippen". Die meisten reagieren dann so, dass sie sagen: „Lass mich von der Wippe runter. Das macht keinen Spaß." Sie verlieren vielleicht das Interesse am Gespräch.

Es ist gewinnbringend, wenn beide, Rückkehrer und Daheimgebliebener, weiter zuhören und Anteil aneinander nehmen. So lassen sich neue Bezugspunkte und eine gemeinsame Ebene schaffen.

TIPP:

Jetzt sind Sie rein körperlich wieder in der „Heimat". Das kann sich manchmal super anfühlen, mal zum Weglaufen. Beachten Sie dabei:

- Bewahren Sie den Humor, verzeihen Sie sich selbst und anderen. Um das zu können, benötigen Sie Erfrischungsoasen. Regelmäßige Zeiten zum Auftanken.
- Jugendliche brauchen in dieser Zeit besondere Unterstützung.
- Kulturstress bei der Rückkehr ist normal. Welche Faktoren werden für Sie am Herausforderndsten? Identifizieren Sie diese für sich und überlegen wie Sie dem am besten begegnen können. Sie am meisten nerven? Was können Sie tun?
- Überlegen Sie sich zwei Sätze, in denen Sie anderen sagen können, was Sie im Ausland gemacht haben.
- Erklären Sie Ihren Arbeitskollegen auf verständliche Weise, wie es Ihnen geht und warum Sie vielleicht von manchem keine Ahnung mehr haben.

HERAUSFORDERUNGEN FÜR KINDER UND JUGENDLICHE

Kindern fällt die Rückkehr oft am schwersten, denn die „Heimat" der Eltern ist nicht unbedingt die „Heimat" der Kinder.

Wenn die Kinder bei der Ausreise noch nicht geboren waren und ihr gesamtes Leben oder einen bedeutenden Teil ihres Lebens im Ausland verbracht haben, dann ist ihnen das Ausland zur Heimat geworden. Die Heimat der Eltern ist für sie wie ein Urlaubsort, vielleicht der Ort, wo Oma und Opa wohnen, aber nicht ihre Heimat. Das ist unbedingt zu bedenken. Je älter die Kinder bei der Rückkehr sind und je länger man im Ausland gelebt hat, desto herausfordernder und schwieriger ist meist die Rückkehr.

TIPP:

Schauen Sie öfter mal gemeinsam Fernsehen zu Hauptsendezeiten. Tauschen Sie sich anschließend über die Redensarten, Witze, Kleidung und den Umgang der Menschen miteinander aus.

GRUPPENDRUCK BEI TEENAGERN

Das Teenageralter ist eine Zeit des Umbruchs in sehr vielen Lebensbereichen. Bis zum Alter von zwölf Jahren ist das Kind häufig noch sehr auf die Eltern angewiesen und orientiert sich stärker an deren Lebensumfeld. Ab 13 oder 14 Jahren bedeuten dem Jugendlichen die Freunde alles. Der Druck der „Peergroup" ist häufig hoch. Man definiert sich oder wird definiert über die Kleidung, die man trägt, die Musik, die man hört, die TV-Sendungen, die man anschaut usw. Das sollten Sie als Eltern bei der Rückkehr und schon vorher unbedingt im Auge haben. Hier ist ein gezielt eingesetzter Umgang mit dem Internet eine wichtige Hilfe. Zeitschriften und andere

Medien können eine kulturelle Brücke bilden. Bereits vorhandene Freunde oder Verwandte im gleichen Alter im Heimatland geben dem zurückkehrenden Teenager eine Idee, was in oder out ist in seinem zukünftigen Umfeld.

Ähnlich wie bei Ihrer Ausreise, können Sie durch das einfache Beobachten von Menschen in Ihrer Umgebung oft schon jede Menge wahrnehmen. Planen Sie sich bewusst Zeiten dafür ein.

ANFÄLLIG FÜR DEPRESSIONEN

Aufgrund der wichtigen Rolle, die Freunde im Alter von 13 bis 15 Jahren spielen, scheint diese Zeit die riskanteste für einen größeren Umzug von einer Kultur in eine andere zu sein. Die Anfälligkeit für Depressionen ist in dieser Gruppe besonders hoch. In dieser Entwicklungsstufe versuchen Jugendliche in diesem Alter, drei Dinge zu erreichen:

1. Abgrenzung und Individualisierung

2. Finden einer eigenen Identität

3. Entwickeln eines eigenen und reifen Gewissens

Während dieser Zeit ist es für den Teenager besonders wichtig, ein stabiles Zuhause zu haben, von dem er jederzeit ausbrechen darf, um Dinge auszuprobieren und um dann wieder an diesen sicheren Ort zurückzukehren. In dieser Phase kann sich die Reaktion des Jugendlichen auf Stress in ein Flüchten in Fantasien, in Rückzug oder auch in Rebellion äußern. Im Extremfall kann ein Teenager dann auch sehr destruktiv oder gar straffällig werden.

Die Teenager selbst sind sich der Dynamik, in der sie sich befinden, normalerweise nicht bewusst. Häufig finden sie sich in einem Strudel von Emotionen wieder, die sie nicht einordnen können. Gefühle der Trauer über den Verlust des Vertrauten. Wut, weil es nicht ihre Entscheidung war zu gehen. Verunsicherung, weil sie nicht wissen, was los ist. Angst, weil sie sich nicht auskennen und nicht wissen, wie es werden wird.

Gerade für Teenager sind (Re)-Integrationsseminare besonders wichtig.

BURN-OUT UND DEPRESSIONEN

Bei aus dem Ausland heimkehrenden Kindern, Jugendlichen und Erwachsenen sind Burn-out und Depressionen keine seltene Erscheinung, aber sie können meist verhindert werden, wenn Folgendes gegeben ist:

- Sie dürfen emotional „abladen". Voraussetzung dafür ist, dass sie Zugang zu ihren eigenen Emotionen finden. Eine Umgebung, in der die Jugendlichen zwischenmenschliche Spannungen nicht zu lange ansammeln, gibt eine Stütze in diesen stürmischen Zeiten.
- Sie lernen, Nein zu sagen. Oft werden gerade Kinder und Jugendliche überhäuft mit Angeboten in der Sport- und Freizeitgestaltung, die sie am Anfang überfordern. Auch die Ansprüche und Forderungen der Verwandten im Heimatland können eine echte Herausforderung sein. Abgrenzung, um an Sicherheit und Stabilität zu gewinnen, schafft Freiräume.

- Sie sind aufmerksam gegenüber Ihren eigenen Gefühlen, insbesondere Gefühlen von Verzweiflung und Angst.
- In der Rückkehr-Phase ist es ganz normal, von diesen Emotionen von Zeit zu Zeit eingeholt zu werden. Erlauben Sie sich dann eine Pause und nehmen diese Gefühle war, als Teil des Rückkehrprozesses.
- Sie essen regelmäßig und gesund.
- Sie nehmen sich Zeit für Gemeinschaft und Beziehungen zu Menschen, die Ihnen wichtig sind. Sie können entspannt lachen. „Ein frohes Herz ist die beste Medizin." Durch einen fröhlichen Abend mit Freunden oder der Familie bekommt die momentane Situation ein wenig mehr Leichtigkeit.
- Sie nehmen sich regelmäßig Zeit für Sport und Bewegung. Durch Bewegung werden im Körper nachweislich Glückshormone freigesetzt, die Sie innerlich „aufhellen".
- Sie schlafen genug.
- Innerlich zur Ruhe kommen. Sie halten regelmäßig an, von den Herausforderungen des Alltags und richten sich neu auf Ihre inneren Ziele aus. Dazu können auch Gebet und Meditation sowie der Besuch eines Gottesdienstes zählen.

Für Kinder und Jugendliche ist die Rückkehr in die Heimat oft am schwierigsten. Die Heimat der Eltern ist meist nicht die Heimat der Kinder. Akzeptieren Sie das und erlauben Sie Zeit und Traurigkeit. Und hören Sie zu!

Die folgende Tabelle gibt eine gute Übersicht, durch welche Phasen Kinder, Jugendliche und auch Erwachsene bei einem Umzug von einer Kultur gehen.

DAS ÜBERGANGSERLEBNIS

Quelle: *The Transition Experience*, David C. Pollock, Interaction Inc.

SOZIALER STATUS	SOZIALE HALTUNG	PSYCHOLOGISCHE ERFAHRUNG	ZEITORIENTIERUNG

1. EINGEBUNDENSEIN

DAZUGEHÖREN	HINGEGEBEN	INTIMITÄT	GEGENWARTSORIENTIERT
Teil der In-Gruppe, gehört und ernstgenommen, eine feste Position in der Gruppe	verantwortlich, reagierend, ansprechbar	bestätigt, sicher	

2. ABSCHIED

FEIER	DISTANZIEREN	VERLEUGNUNG	ZUKUNFT/ ZEITLICH EINGESCHRÄNKT
Aufmerksamkeit, Anerkennung, Abschiedsfeiern, Dinge beenden	Bindungen lockern, Rollen abgeben, sich freimachen	Ablehnung, Unmut, Traurigkeit, Schuld, Erwartungen	

3. ÜBERGANG

STATUSLOS	CHAOS	ANGST	ZUKUNFT
unbekannt, Mangel an Struktur, spezielle Kenntnisse sind wertlos	Beziehungen müssen initiiert/abgeschlossen werden, Isolation, Selbst- und Problembezogenheit, Zerrissenheit	Verlust des Selbstwertes und von Kontinuität, Trauer	

4. ANKUNFT

EINFÜHRUNG	OBERFLÄCHLICHKEIT	VERLETZLICHKEIT	GEGENWART/ ZEITLICH EINGESCHRÄNKT
zwischen den Stühlen, Hilfe suchend, Unsicherheit ob der Position, Missinterpretationen von Verhaltensweisen	beobachtend, unsicher wem zu vertrauen, übertriebenes und riskantes Verhalten, Suche nach einem Mentor, verfehlte Reaktionen	ängstlich, ambivalent, leicht verletzlich, depressiv, psychosomatische Probleme	

5. INTEGRATION

DAZUGEHÖREN	HINGEGEBEN	INTIMITÄT	GEGENWART/ ZEITLICH NICHT LIMITIERT
kennen, auskennen, Position	dazugehörend, involviert, angepasstes Verhalten, Fürsorge für andere	sicher, bestätigt	

Re-Integration

AUF DER SUCHE NACH DEM PASSENDEN PLATZ

91 Wieder in der Heimat: der wichtige Blick

95 Was habe ich mitgebracht?

97 Wie lange dauert die Re-Intergration?

98 Phasen der Wiedereingliederung

104 Was wird aus den Kindern?

109 Wirklich re-integriert

Es ist sehr wahrscheinlich, dass Sie sich nach der Rückkehr früher oder später irgendwie fremd, verloren und am falschen Platz fühlen. Deshalb ist es wichtig, ein Extra an Zeit einzuplanen. Sehr schnell rollen die täglichen Anforderungen auf Sie als Rückkehrer zu. Vieles muss erledigt und geklärt werden. Dringende Aufgaben stapeln sich schnell.

In einer alten Geschichte aus Afrika wird eine Reise beschrieben. Zur damaligen Zeit war es üblich, Träger zu engagieren, um wichtige Gegenstände und Gepäckstücke durch den Urwald zu tragen. Diese Gruppe von westlichen Reisenden hatte auch einige Träger angeheuert. Als sie nun die erste anstrengende Tagesreise durch den Dschungel hinter sich hatten, zogen sie abends am Feuer Bilanz und stellten fest, dass sie viel schneller voran gekommen waren wie zunächst geplant.

Voller Begeisterung standen die westlichen Reisenden früh am nächsten Morgen auf, um ihre Reise im flotten Tempo vom gestrigen Tag fortzusetzen. Doch die Einheimischen saßen Stunden um das Feuer herum. Als gegen Mittag noch immer keine Bewegung in die Gruppe der Einheimischen kam, drängten sie zum Aufbruch. Einer der afrikanischen Männer sah die weißen Männer an und sagte: „Wir sind gestern so schnell gelaufen, unsere Seele ist noch nicht nachgekommen. Jetzt warten wir, bis nachgekommen ist, und dann brechen wir wieder auf."

Geben Sie Ihrer Seele Zeit anzukommen. Nehmen Sie sich eine Zeit, um bewusst anzuhalten, zu reflektieren und das auszudrücken, was Sie erlebt haben.

WIEDER IN DER HEIMAT: DER WICHTIGE BLICK ZURÜCK

Sie haben im Auslandseinsatz sehr viel erlebt. Diese Erfahrungen können Ihr Leben und Ihre Zukunft bereichern und neue Energien freisetzen. Sie können auch neue Perspektiven eröffnen. Das geschieht aber nicht automatisch.

WER REFLEKTIERT GEWINNT

Nach Ihrer Rückkehr sind Sie wahrscheinlich versucht, sich so schnell wie möglich in jede Menge Aktivitäten zu stürzen. Tatsächlich stehen einige Dinge an, die Sie erledigen müssen: berufliche Herausforderungen, Behördengänge,

Schulumstellung, Verwandtenbesuche etc. Planen Sie eine kleine Auszeit schon im Voraus ein.

Unsere Auslandserfahrung ist vergleichbar mit einer guten und gehaltvollen Mahlzeit. Ein gutes Essen hat den Sinn, Ihnen neue Energie zu geben, die Sie befähigt, die nächste Aufgabe erfolgreich zu bewältigen. Damit das geschehen kann, müssen Sie das Essen gut kauen und verdauen. Wenn die Mahlzeit schnell verschlungen und sofort weitergemacht wird, ist das ungesund. Es kommt zu Blähungen, Aufstoßen, Völlegefühl und Müdigkeit. Das Essen erfüllt nicht mehr seinen Zweck: nämlich Ihnen neue Energie zu geben.

Forschungen zeigen (Vgl. *Das psychische Immunsystem*, Hans Menning, Hofgrefe, 2015) „im Erzählen ordnet sich das Geschehen, es erhält eine positive oder negative Wertigkeit und kann eingeordnet werden. Im Reflektieren des Geschehen entdeckt man neue Aspekte, die dem Ereignis einen neuen, unerwarteten Sinn geben. Diese Klärung verhindert, dass sich die Schädigung einnistet und ihre psychotoxische Wirkung entfaltet. Das System ist um eine Immunabwehr reicher, ein weiteres Psychopathogen ist neutralisiert."

TIPP:

Wir nennen diese Reflexion Debriefing.

Ein Debriefing steht für:

- Reduzierung von emotionalem und körperlichem Stress
- eine Burnoutprävention
- die Beschleunigung des Rückkehrprozesses

    Das Debriefing unterstützt Sie darin, durchzuatmen, damit Sie dann mit neuer Energie vorwärtsgehen können.

Zudem hat ein Debriefing folgende Vorteile:

AUSSPRECHEN

Ihre Gedanken und Gefühle auszudrücken bringt Klarheit. Sie gewinnen eine andere Perspektive und können das Erlebte innerlich besser einordnen. Während Sie mit einer anderen Person sprechen, gewinnen Sie einen Einblick in die Dinge, die Ihnen vorher vielleicht gar nicht so bewusst waren.

NORMALISIEREN

Häufig erscheint dem Rückkehrer die eigene Reaktion auf außergewöhnliche Situationen sehr intensiv oder gar ungewöhnlich. Insbesondere beim Reflektieren in einer Gruppe merken Sie, ich bin nicht die einzige Person, der es so ergeht wie mir. Das gleiche gilt auch für den Familienkreis, alleine durch ein gemeinsames Betrachten und Verbalisieren wird jeder der Beteiligten feststellen, dass es ähnliche Empfindungen bei den Anderen gibt. So können die eigenen Empfindungen wieder in Kontext gesetzt werden. Es sind also normale Reaktionen auf meist ungewöhnliche Situationen.

KONTEXTUALISIEREN

Ein gutes Debriefing hilft Ihnen, Ihre Erfahrungen in den Kontext Ihres ganzen Lebens zu stellen, herauszufinden, was Sie in Zukunft tun möchten und was Sie vielleicht nicht mehr möchten.

Nach der Rückkehr ist Ihnen wahrscheinlich zunächst vieles fremd. Nehmen Sie sich Zeit, mit der Unterstützung eines unabhängigen Re-Entry-Profis über Ihre Zeit im Ausland und den Abschied zu reflektieren!

Ein Debriefing ist auch vergleichbar mit der Arbeit in einer Bibliothek. Auf dem Schreibtisch des Bibliothekars landet ein neues Buch. Ein richtiger Wälzer. Nun ist es die Aufgabe des Bibliothekars, das Buch in die Hand zu nehmen, aufzuschlagen, hinein zu lesen und sich einen Überblick zu verschaffen. Um was handelt es sich? Welchem Genre ist es zuzuordnen? Ist es ein Liebesroman, ein Krimi, Science Fiction oder ein Sachbuch? Das Buch wird kategorisiert, katalogisiert und nummeriert. Erst danach kann er es in ein entsprechendes Regal räumen. Bei Bedarf kann er es nun auch schnell wieder auffinden und verwenden. Solange der Bibliothekar diese Arbeit der Kategorisierung, Katalogisierung und Nummerierung nicht verrichtet hat, muss es auf seinem Schreibtisch verbleiben. Hier blockiert es Platz für neu hereinkommende Bücher.

Es scheint so, dass es Menschen schwer fällt, intensive Auslandserfahrungen einfach mal schnell „wegzuräumen", ohne sie vorher gut reflektiert zu haben. Nach erfolgter Reflexion ist das leichter. Leichter ist es dann auch, neue Herausforderungen anzugehen sowie bei Bedarf das „Buch" der Auslandserfahrung aus dem Regal zu holen, wenn es nützlich erscheint.

Ein wichtiger Baustein dieser Reflexion ist auch ein Bewusstmachen von Fähigkeiten, Veränderungen meiner Werte u.a.

WAS HABE ICH MITGEBRACHT?

Aus dem Ausland haben Sie Koffer mitgebracht, vielleicht haben Sie sogar einen Container zurück verschifft. Da kommt so mancher Schatz zum Vorschein: Eine Blumenvase aus China oder ein Sombrero aus Mexiko. Fragen Sie sich doch einmal, was Sie an unsichtbaren Schätzen mitgebracht haben.

WELCHE INNEREN SCHÄTZE HABEN SIE DABEI?

Eine praktische und kreative Übung hilft Ihnen dabei, zu reflektieren, aufzuschreiben und zu verbalisieren, was Ihnen während der Zeit im Ausland wichtig geworden ist. Anschließend können Sie sich fragen, wie Sie diese „Schätze" in der alten Heimat verwenden und einsetzen können. Manchmal ist es dabei hilfreich, wenn andere nachfragen: „Wie genau stellst du dir das vor?"

BEISPIELE

Im Bereich persönliche Entwicklung:
- Ich kann jetzt fließender in Englisch kommunizieren – ich will weiter Vorträge in Englisch halten.
- Mein Verständnis für andere Kulturen ist gewachsen – ich möchte mit mehr Wertschätzung auf ausländische Mitmenschen in meinem Umfeld zugehen.

Im Bereich Beruf:
- Ich konnte mein Fachwissen im Bereich Organisation erweitern und erhielt gute Unterstützung trotz meiner wenigen Erfahrung vor der Entsendung – ich will junge Mitarbeiter fördern und unterstützen.
- Ich habe häufig positives Feedback von Anderen bekommen, das hat mich ermutigt – ich möchte Kollegen mehr loben als kritisieren.

Im Bereich Familie:
- Wir haben neu entdeckt, wie wertvoll gemeinsame Zeiten sind – wir richten einen Familientag ein, nur für uns.
- ...

Sicher fallen Ihnen hier auch einige unangenehme oder schwierige Erfahrungen ein. Vielleicht fühlten Sie sich im Team nicht ernst genommen oder akzeptiert. Jetzt können Sie entscheiden, was Sie mit dieser Erfahrung tun. Der Begründer der Logotherapie Victor Frankl spricht von der „Trotzmacht" des Geistes. Wir können aus negativen Erfahrungen positive Rückschlüsse ziehen. Wir Menschen haben die Fähigkeit erhalten zu sagen: „Ja, ich wurde nicht ernst genommen und akzeptiert, trotzdem möchte ich in Zukunft jemand sein, der andere ernst nimmt und akzeptiert."

TIPP:

Überlegen Sie einmal genau, was Sie neben Andenken aus dem Ausland mitgebracht haben
- Fachliches Know-how
- weltanschauliche Veränderung
- Zwischenmenschliche Erfahrungen
- familiäre Erlebnisse usw.

WIE LANGE DAUERT DIE RE-INTEGRATION?

Je nachdem, wie lange Sie von zu Hause fort waren, dauert Ihre Wiedereingliederung zwischen sechs und zwölf Monaten. Bei einem mehrjährigen Auslandsengagement erfordert auch die Reintegration in der Regel mehrere Jahre. Erst dann können die meisten von uns sagen: „Jetzt bin ich wieder hier zu Hause." Wenn Sie wieder einen Jahreszyklus mit allen Jahreszeiten und Festen miterlebt haben, fühlen Sie sich sicherer und mehr zu Hause.

Dabei spielt es eine Rolle, in welchem Maße Sie Ihre Zelte vor dem Auslandseinsatz abgebrochen haben. Haben Sie Ihre Wohnung und den Arbeitsplatz aufgegeben?

Müssen Sie jetzt nach dem Einsatz zu den Eltern oder anderen Familienangehörigen ziehen?

Falls ja, dann ist die Heimkehr eventuell schwieriger.

Die Re-Integration dauert mindestens ein Jahr. Häufig mehrere Jahre, wenn der Auslandsaufenthalt selbst mehrere Jahre andauerte.

PHASEN DER WIEDEREINGLIEDERUNG

Die meisten Rückkehrer durchlaufen verschiedene Phasen bei der Rückkehr und Re-Integration.

1. TOURISTENPHASE

Besonders wenn Sie in einem Entwicklungsland waren, ist es ein Genuss, wieder fließendes Wasser zu haben und Obst nicht desinfizieren zu müssen. Im Supermarkt gibt es alles, was das Herz begehrt, das Handeln fällt weg, man versteht (fast) alles. Familie und Freunde freuen sich darüber, dass Sie wieder da sind, und bieten Ihnen ihre Hilfe im Alltag an. Sie hören zu, wenn Sie von Ihren Erlebnissen berichten.

Sie stehen im Mittelpunkt der Aufmerksamkeit. Alles hat einen gewissen Glanz und macht Freude. Leider geht diese Phase irgendwann zu Ende und es folgt:

2. ERNÜCHTERUNGSPHASE

Sie stellen fest, dass Sie die Spielregeln nicht mehr kennen, und Sie fühlen sich irgendwie orientierungslos. Haben Sie vor der Ausreise alles in Kisten gepackt, dann beginnt nun eine große Suchaktion. Die Situation kann chaotisch sein. Die Freude, zu Hause zu sein, verschwindet. Frustration setzt ein. Dinge, die Ihnen früher normal vorkamen, erscheinen Ihnen jetzt übertrieben. Sie empfinden die Daheimgebliebenen als engherzig, weil sie mit der Zeit das Interesse an Ihren Erlebnissen verlieren. Das kann zu Entfremdung führen.

3. ENTFREMDUNG

Sie wollen mit diesen „engherzigen" Leuten nicht wirklich zu tun haben und ziehen sich zurück. Das Gefühl, am falschen Platz zu sein, wird stärker. Sie fühlen sich einsam. Ihre Freunde fangen an, Sie zu meiden, weil sie fürchten, von Ihren „tollen" Erfahrungen „überschüttet" zu werden. Das Gefühl, mit niemandem reden zu können, nimmt in Ihnen zu. Das kann zu Verurteilungen führen.

4. VERURTEILUNGEN

Sie verstehen nicht, dass niemand Zeit für Sie hat. Die Menschen in Ihrem Umfeld fühlen sich vielleicht gering geachtet und weniger begabt. Daraufhin beginnen sie, Ihre Gesellschaft zu meiden. Umgekehrt suchen Sie jetzt vermehrt den Kontakt zu Menschen mit ähnlichen Erfahrungen oder zu Menschen aus anderen Kulturen.

5. RÜCKFALL

Von Rückfall darf gesprochen werden, wenn Sie sich einfach in die alten Beschäftigungen stürzen und so tun, als ob Sie nie weg gewesen wären. Denn damit verleugnen Sie die Veränderungen, die in Ihnen stattgefunden haben.

6. FLUCHT UND ZERBRUCH

Die Entwicklungen, die eine unverarbeitete Heimkehr nach sich ziehen kann, können zu allen möglichen Erkrankungen führen, von körperlichen Symptomen über Schlafstörungen bis hin zu Depressionen. Der Sturm der Gefühle kann einen innerlich zerbrechen lassen, so dass schließlich die Perspektive für ein zukünftiges Leben verloren gehen kann. Aber so weit muss es wirklich nicht kommen!

Es ist normal, dass Sie, wenn Sie aus dem Ausland zurückkehren, durch die Touristenphase, die Ernüchterungs- und Entfremdungsphase gehen. Aber verurteilen muss keiner. Das ist Ihre Entscheidung.

SIE SIND NICHT MEHR DIE GLEICHE PERSON

Eine gelingende Re-Integration ist durch die Erkenntnis gekennzeichnet, dass Sie sich verändert haben und nie mehr so „zu Hause" hineinpassen werden wie vor der Ausreise. Gleichzeitig entscheiden Sie sich, Ihre im Ausland erlernten

Fähigkeiten und Ihr verändertes Denken in der Gesellschaft und in der Firma einzubringen.

Wie gut und schnell Sie sich zurück in der „Heimat" re-integrieren, hängt von vier Lebensbereichen ab. Diese können auf einer Pyramide in ihrer hierarchischen Reihenfolge abgebildet werden.

```
           ORGANISATION
             KULTUR
           BEZIEHUNGEN
    FÄHIGKEITEN & ANGEWOHNHEITEN
```

Jeder Bereich kann wiederum auf verschiedenen Skalen dargestellt werden. Schauen Sie sich jede Skala genau an. Schätzen Sie Ihr persönliches Wohlergehen ein. Mit einem Kreuz können Sie auf der folgenden Skala markieren, welche der Aussagen (die am linken oder die am rechten Ende der Skala) zutreffender Ihr momentanes Befinden beschreibt.

	ARBEITSBELASTUNG	
überfordert		erfüllend

	SOZIALE KONTAKTE	
einsam		integriert

	GESUNDHEIT	
krank		gesund

	FAMILIÄRE BEZIEHUNGEN	
schwierig		ermutigend

	FAMILIÄRE INTEGRATION	
frustrierend		stärkend

	KULTURELLE FÄHIGKEITEN	
unsicher		sicher

	LEBENSKRISEN	
belastend		verarbeitet

	POSITION IN DER FIRMA	
fraglich		gewiss

	BEZIEHUNGEN IN DER FIRMA	
fordernd		unterstützend

	STRESS-MANAGEMENT	
überlastet		gelassen

	PERSÖNLICHE ANGEWOHNHEITEN	
ungut		gut

Nun stellen Sie sich folgende Fragen:
- In welchem Bereich haben Sie die meisten Ressourcen?
- Wie können Sie diese erhalten und stärken?
- Welcher Bereich ist zurzeit am schwächsten?
- Was kann Ihnen helfen, hier positive Veränderungen herbeizuführen?

Wenn Sie in einer Partnerschaft leben, kann jeder von Ihnen die Selbsteinschätzung ausfüllen. Anschließend können Sie miteinander vergleichen und überlegen, was Sie tun können. Auch für Kinder können Sie die Fragen beantworten.

Es ist normal, dass Sie in einer Umbruchphase nicht mit „voller Kraft voraus" leben und arbeiten. Wichtig ist jedoch, dass Sie nicht in mehreren Bereichen gleichzeitig „leerlaufen".

Nach der Rückkehr aus dem Ausland machen Sie verschiedene Phasen durch. Akzeptieren Sie, dass Sie sich verändert haben, und zeigen Sie Offenheit, Interesse und den Willen zur Re-Integration.

WAS WIRD AUS DEN KINDERN?

Kinder, die im Ausland aufgewachsen sind, werden nie genauso sein wie Kinder, die immer nur in einer Kultur gelebt haben. Sie sind *Third Culture Kids* (TCKs). Und sie bleiben *Third Culture Kids*.

> *„Ich bin kein Baum, der fest an einen Ort gepflanzt ist und tiefe Wurzeln schlägt. Ich bin eine Wolke. Eine Wolke besteht aus Wasser. Sie kann verschiedene Formen haben: Einmal am Himmel vom Wind bewegt, manchmal vereinigt mit anderen Wolken. Dann regnet sie nach unten und wird Teil eines Sees. Ein anderes Mal packt sie die Welt als Schneeflocken in Weiß. Das find ich gut!"*

So beschreibt sich eine junge Frau, die den größten Teil ihrer Kindheit außerhalb des Heimatlandes ihrer Eltern verbracht hat. Im Elternhaus wuchs sie mit der Kultur der Eltern auf, vor der Haustür aber mit der Kultur des Gastlandes. Sie lernte die Werte und Überzeugungen beider Kulturen kennen und entwickelte daraus eine dritte Kultur. Damit qualifizierte sie sich für den Titel *Third Culture Kid* (TCK) oder „Kind der Dritten Kultur".

> *„Ein TCK ist eine Person, die einen bedeutenden Teil ihrer Entwicklungsjahre außerhalb der Kultur ihrer Eltern verbracht hat. Ein TCK baut Beziehungen zu allen Kulturen auf, nimmt aber keine davon völlig für sich in Besitz. Zwar werden Elemente aus jeder Kultur in die Lebenserfahrung des TCKs eingegliedert, aber sein Zugehörigkeitsgefühl bezieht sich auf andere Menschen mit ähnlichem Hintergrund."*
>
> Nach D. Pollock und R. van Reken

WAS BEDEUTET ES PRAKTISCH, EIN TCK ZU SEIN?

TCKs sind wandlungsfähig wie Chamäleons. In Deutschland gilt es als normal, jemandem bei der Begrüßung die Hand zu reichen und in die Augen zu schauen. In Südostasien ist das nicht normal und unhöflich. Kinder deutscher Eltern, die in Thailand aufwachsen, lernen, beide Verhaltensweisen als normal und richtig anzusehen, gehören aber nicht wirklich einer der beiden Kulturen voll an. Wenn TCKs gefragt werden, wo sie zu Hause sind, können sie das nicht an einem Ort festmachen. Zuhause ist an Beziehungen geknüpft, zumeist da, wo die Familie ist.

A. James beschreibt seine Identität mit dieser dritten Kultur und sein inneres Durcheinander:

> „Ich bin ein Wirrwarr von Kulturen.
>
> *Einzigartig ich! Ich finde das gut, denn ich verstehe die Reisenden, die Vorübergehenden, die Ausländer, das Heimweh, das kommt. Ich finde das auch schlecht, denn ich werde nicht verstanden von Leuten, die an einem Ort gesät und gewachsen sind. Sie kennen nicht die wahre Bedeutung des Heimwehs, das mich hin und wieder überfällt.*
>
> *Manchmal verzweifle ich daran, sie zu verstehen.*
>
> *Ich bin eine Insel und eine UNO. Wer könnte beides in mir erkennen, außer Gott? Einzigartig ich!"*

CHANCEN UND DIE HERAUSFORDERUNGEN EINES TCKs

Die Herausforderung für ein TCK liegt darin, eigene Wurzeln zu finden und zu definieren. Zuhause wird von ihm immer als „woanders" oder „weiß nicht" beschrieben. *Third Culture Kids* können überall hineinschlüpfen, aber sind meist nirgendwo richtig zu Hause. Es sind die Familienbande, die ihnen Stabilität geben. Entscheidungen zu treffen, fällt ihnen häufig schwer. Wichtige Entscheidungen in der Vergangenheit, die getroffen wurden, hatten oft mit Abschied zu tun. In den meisten Fällen haben die Eltern für die ganze Familie entschieden, TCKs haben oft erfahren, dass sie nur wenig an den getroffenen Entscheidungen mitbestimmen können. Ist sie erst einmal gefallen, verändert sich meist ein Großteil ihres Umfeldes. So entwickeln TCKs leicht eine Zurückhaltung, Entscheidungen zu treffen. Zugleich finden es viele der im Ausland aufgewachsenen Kinder und Jugendlichen schwer, sich langfristig festzulegen. So vieles in ihrem persönlichen Umfeld hat sich immer wieder verändert. So sind Familie und Beziehungen untereinander besonders bedeutend. Selbstverständlich ist jeder Mensch anders und im Gespräch mit TCKs betonen diese immer wieder, wie wichtig es ihnen ist, nicht in eine Kategorie gesteckt zu werden.

So sind auch die nachfolgend beschriebenen Eigenschaften immer mit Rücksicht auf die Persönlichkeit und das Umfeld, in dem derjenige aufgewachsen ist, zu betrachten.

„Hier, wo ich mich heute befinde, bin ich nur vorübergehend." Zu einem festen Niederlassen kommt es bei TCKs selten. Aufgrund der gelebten, normalerweise aber nicht freiwillig gewählten Mobilität sind TCKs anpassungsfähig und selbstbewusst in neuen Situationen. Manche TCKs reagieren aber auch umgekehrt auf die unfreiwillige Mobilität: Sie wollen nie mehr umziehen. TCKs kennen Leute aus vielen Ländern, mit denen sie ihr Leben eine Zeit lang geteilt haben. Sie selbst und viele ihrer Freunde sind oft umgezogen. Es gab also immer eine hohe Fluktuation im Freundeskreis. Sie entwickeln schnell tiefe Verbindungen. Sie legen oft Wert auf intensive und ehrliche Beziehungen. Es kann aber auch sein, dass sie nicht gerne neue Beziehungen eingehen, aus Angst, sich gleich wieder verabschieden zu müssen.

Bei schmerzhaften Verlusten kann es auch passieren, dass sie sehr schnell loslassen. Der Schmerz des Verabschiedens ist zu groß. Aber da, wo der Schmerz ausgeblendet wird, bleibt auch die Fähigkeit, Freude zu empfinden, außen vor.

Abschied zu nehmen gehört zum Alltag der TCKs. Das bedeutet aber nicht, dass es ihnen nicht mehr schwerfällt. Begleitende Gespräche wie z.B. ein Debriefing können eine gute Unterstützung sein. Kinder, aber auch Erwachsene, brauchen Zeit zum Trauern.

Da es häufig schmerzhaft ist, jemanden wieder gehen zu lassen, kann es dazu führen, dass TCKs anfangen, sich zurückzuziehen.

TCKs sprechen mindestens zwei Sprachen. Das ist ein Vorteil. Doch stellt sich die Frage nach der Muttersprache. Das ist nicht unbedingt die Sprache der Eltern. In welcher Sprache wird meist gesprochen? Häufig ist es Englisch, weil viele auf eine internationale Schule gehen; besuchen sie auch eine lokale Schule und sprechen zudem noch die Landessprache. Doch was geschieht bei einer Rückkehr ins Heimatland?

TCKs wissen, dass die Welt nicht an der Landesgrenze aufhört. Ihr Horizont ist oft weit größer als der Gleichaltriger. Auch im „Heimatland" wirken sie oft reifer als Gleichaltrige.

Kulturen äußern sich in unseren Werten: was wir als normal empfinden, wie wir unser Leben und unsere Gewohnheiten beschreiben, wie wir denken.

In TCKs spiegelt sich eine Mischung verschiedener Kulturen. Sie sehen vielleicht deutsch aus, verhalten sich aber thailändisch oder australisch. Im Heimatland können sie sich häufig nicht mit ihrer Kultur identifizieren. Jessika L aus Brasilien: „Die Deutschen sind doof!" und: „Die sind immer so ernst und streng. Sie verstehen keinen Spaß und lachen selten." TCKs können nicht nur eine Kultur als die ihre betrachten. Deshalb fallen sie im Heimatland auf mit einer anderen Denk- und Lebensweise. Sie fühlen sich im Kreise anderer TCKs am wohlsten. TCKs sind bestens für den Marktplatz dieser Welt ausgerüstet.

Diese Ressourcen lassen sich vielfach auch beruflich nutzen. Dabei spielt es keine Rolle, ob es sich um einen Beruf im sozialen oder im administrativen Bereich, wissenschaftlichen oder eher im handwerklichen Umfeld handelt. Kaum eine Organisation im deutschsprachigen Raum oder ein Unternehmen ist heute nicht international ausgerichtet. Das sowohl nach innen (im Mitarbeiterstab) als auch nach außen (Marktstandorte). Das Wissen um diese Fähigkeiten und die Akzeptanz derer sind eine Grundvoraussetzung, um diese einzubringen.

Kinder, die mehrere Jahre ihres Lebens im Ausland verbringen, sind anders. Das ist bereichernd und sehr herausfordernd.

WIRKLICH RE-INTEGRIERT

Die wirkliche Re-Integration ist durch Ihre Erkenntnis gekennzeichnet, dass Sie sich während der Zeit im Ausland verändert haben. Häufig denken Sie nun auch anders. Sie akzeptieren, dass Sie nie mehr so wie früher in Ihre Heimatkultur hineinpassen. Zum selben Zeitpunkt wächst in Ihnen die Bereitschaft, die Daheimgebliebenen zu akzeptieren und wertzuschätzen, auch dann, wenn diese nicht reagieren, wie Sie gehofft hatten.

Wenn Sie diese Einstellung haben, wirkt sich das positiv auf Ihre Beziehungen zu den Daheimgebliebenen aus. Jetzt werden Sie bereit und frei für neue Erlebnisse und neue Begegnungen. Mit Ihren Erfahrungen bringen Sie sich neu in Beruf und Gesellschaft ein. Damit beginnt ein Prozess und die Re-Integration kann gelingen.

Die Umstellungen bei der Rückkehr verursachen häufig auch Abschiedsschmerzen und eine innere Trauer. Damit sind sie innere Botschaften für das Ende eines Abschnittes in unserem Leben. Gleichzeitig sind sie aber auch eine große Chance, das Gelernte in das weitere Leben zu integrieren und damit der herausfordernde Anfang eines neuen Lebensabschnittes. Nur wer sich dem Abschiedsschmerz stellt und die Trauer, die mit dem Loslassen von gewohnten und liebgewonnenen Begegnungen und Gewohnheiten zulässt, kann sich auch ganz auf eine Neuentwicklung einstellen. Nehmen Sie diese Herausforderung an und lassen sich auf einen neuen spannenden Abschnitt ihres Lebens ein.

TIPP:

Die Re-Integration nach dem Auslandseinsatz gelingt nicht automatisch.

- Nehmen Sie sich unbedingt Zeit zur Reflexion. Am besten gelingt das mit einem professionellen und neutralen Debriefer.
- Fragen Sie sich, was Sie mitgebracht haben.
- Machen Sie sich bewusst, dass die Re-Integration ein Prozess ist, der von einer Entscheidung ins Rollen gebracht wird.
- Und: Lassen Sie sich Zeit beim Prozess der Re-Integration.

DIE AUTOREN

Jochen und Christine Schuppener haben mit ihren Kindern acht Jahre im Ausland gelebt. Als Schulungsleiter in England und Südostasien haben sie multinationale Teams auf ihre Einsätze vorbereitet und betreut.

Die Autoren arbeiten freiberuflich für internationale Unternehmen und verschiedene Non-Profit-Organisationen sowie als Dozenten an verschiedenen Bildungseinrichtungen. Ihre Schwerpunkte sind die Personalbetreuung – von der Auslandsvorbereitung bis zur Rückkehr und Re-Integration –, die Familien- und Eheberatung, gerade auch im interkulturellen Kontext, sowie die interdisziplinäre und interkulturelle Teamentwicklung.

KONTAKT
Jochen & Christine Schuppener
Interkultureller Coach M.A. &
Team Management Systems™ Berater
Staatlich lizenzierter Auswandererberater (AusWG)
Psychologische Beraterin & Personal Coach
Berliner Ring 35 b
86916 Kaufering
info@schuppener-global-transitions.com
www.schuppener-global-transitions.com

WEITERFÜHRENDE LITERATUR

Brookfield Global Mobility Trends 2015

Chapman, G.: *Die fünf Sprachen der Liebe – wie Kommunikation in der Ehe gelingt*, Francke-Buchhandlung Marburg, 8. Auflage, 2010

Ellneby, Y.: *Kinder unter Stress – was wir dagegen tun können*, Beust, München, 2001

Grün, Anselm: *50 Rituale für das Leben*, Herder, 4. Auflage 2011

Hoeksira, E. M.: *Keeping Your Family Close - When Frequent Travel Pulls You Apart*, Wheaton, Illinois, USA, 1998

Koch, Jens u. Widmaier, Christa im Auftrag der *Arbeitsgemeinschaft der Entwicklungsdienste* (AGdD). Untersuchung zur beruflichen und sozialen Reintegration ehemaliger Entwicklungshelfer und Entwicklungshelferinnen. Berlin/Bonn, 2006

Knell, M.: *Families on the Move*, London, United Kingdom, 2001

Knell, M.: *Burn Up or Splash Down: Surviving the Culture Shock of Re-Entry*, London, United Kingdom, 2007

Kunze, Petra, Salamander, Catharina: *Die schönsten Rituale für Kinder*, Gräfe und Unzer, 3. Auflage 2010.

Loss, M.: *Culture Shock*, Winona Lake, Indiana, USA, 1983

Menning, Hans: *Das psychische Immunsystem*, Hofgrefe, 2015

Pollock, D., van Reken, R., Pflüger, G.: *Third Culture Kids – Aufwachsen in mehreren Kulturen*, Marburg, 2003

Rosenberg, Marshall B.: *Gewaltfreie Kommunikation: Eine Sprache des Lebens*. Junfermann; 10. Auflage, Paderborn, 2012.

Roth, M.: *Re-Integration*, Nürnberg, 2003

Schubert, E.: *What Missionaries Need to Know About Burnout and Depression,* New Castle, Indiana, USA, 1993

RESSOURCEN

BUND DER AUSLANDS-ERWERBSTÄTIGEN (BDAE) E.V.
ist die Keimzelle der *BDAE GRUPPE*. Als eingetragener Verein ist er im Jahr 1995 mit dem Ziel gegründet worden, Unternehmen, deren Mitarbeiter und auch Privatpersonen beim Planen und Umsetzen von Auslandsaufenthalten zu unterstützen. Er informiert über die politischen, sozialen und kulturellen Bedingungen, die ein Auslandsaufenthalt mit sich bringt.
www.bdae.com/de/

DEUTSCHE FERNSCHULE
Staatlich anerkannter Fernunterricht für Kinder im Vorschulalter bis zur fünften Klasse.
www.deutsche-fernschule.de

DEUTSCHE IM AUSLAND
DIA e.V. möchte Sie hinsichtlich Ihres Auslandaufenthaltes vielfältig unterstützen und vorbereiten. Denn in jedem Land gelten unterschiedliche kulturelle, mentale, soziale, politische und ökonomische Normen.
Informationen für Ihren Auslandsaufenthalt, umfangreiche Länderinformationen, Sozialversicherungsrecht für Deutsche im Ausland
http://www.deutsche-im-ausland.org/

EXPAT NEWS
gibt Informationen zu Jobs im Ausland, Ausbildung im Ausland, Auslandsversicherungen und veröffentlicht Studien
http://www.expat-news.com/

ILS, INSTITUT FÜR LERNSYSTEME GMBH
Den vom Auswärtigen Amt geförderten Fernunterricht für die Klassen 5 bis 10 gibt es in 15 Schulfächern und für alle drei Schulformen. Jedes Fach kann auch als Einzelfach belegt werden.
www.ils.de

SCHUPPENER GLOBAL TRANSITIONS
bietet interkulturelles Coaching an – vor, während und nach dem Auslandsaufenthalt für Singles, Paare Familien und Teams. Unsere Rückkehrerunterstützung bieten wir gerade auch Menschen an, die aufgrund krisenhafter Ereignisse das Gastland verlassen.
www.Jochen-Schuppener.de

MK-CARE
MK-Care - das ist ein Arbeitskreis der AEM (*Arbeitsgemeinschaft Evangelikaler Missionen e.V.*), der aus einer Gruppe ehrenamtlicher engagierter Menschen besteht, die ein Herz für Missionarskinder (MKs) haben.
www.mk-care.org/

RAPHAELSWERK E.V.

Das *Raphaelswerk* berät Menschen bezüglich der Themen Auswandern, Berufstätigkeit im Ausland, Deutsche Rückkehrer, Flüchtlinge und Binationale Paare. Es unterhält Standorte in: Hamburg, Rheine, Hannover, Berlin, Essen, Kassel, Erfurt, Trier, Saarbrücken, Augsburg, München. www.raphaelswerk.de

YOUTUBE

Auf *YouTube* finden sich verschiedene *Third Culture Kids*-Kanäle z. B.: *TCKid TV* oder auch *Families in Global Transition* FIGT.org

FACEBOOK

Auf Facebook findet man *Third Culture Kids*-Gruppen z.B.: *TCKid Germany* https://www.facebook.com/groups/47647948342/

TROPENINSTITUTE

IN ÖSTERREICH
Lenaugasse 19, 1080 Wien
Tel.: +43 /1/ 402 68 61-0,
Fax: +43 /1/ 402 68 61-30
E-Mail: info@tropeninstitut.at
Webseite: www.tropeninstitut.at

IN DER SCHWEIZ
Schweizerisches Tropen- und Public Health-Institut
Postfach, 4002 Basel
Tel.: +41 /61 /284 81 11
Fax: +41 /61 /284 81 01
E-Mail: library-tph@unibas.ch
Webseite: http://www.swisstph.ch

TROPENINSTITUTE IN DEUTSCHLAND

BERLIN

Auswärtiges Amt - Gesundheitsdienst
Werderscher Markt 1
10117 Berlin
Tel.: 0049 30 18-17-3275/3276
Fax: 0049 30 18-17-4753
Tropenärzte am Werderschen Markt
Tel.: 0049 30 18-17-4881
Webseite: www.tropenaerzte.de

Infektiologie Charité
Augustenburger Platz 1
13353 Berlin
Tel.: 0049 30 450 - 55 30 52
Fax: 0049 30 450 - 55 39 06
E-Mail: norbert.suttorp@charite.de
Webseite: www.charite.de/infektiologie/

Institut für Tropenmedizin - Berlin
Spandauer Damm 130
14050 Berlin
Tel.: 0049 30 301 16 - 6
Fax: 0049 30 30 11 68 88
E-Mail: tropeninstitut@charite.de
Webseite: www.charite.de/tropenmedizin/

HAMBURG

Bernhard-Nocht-Institut für Tropenmedizin Hamburg
Bernhard-Nocht-Straße 74
20359 Hamburg
Tel.: 0049 40 42 81 80
Fax: 0049 40 42 81 84 00
E-Mail: bni@bni-hamburg.de
Webseite: www.bni.uni-hamburg.de/

Reisemedizinische Beratung:
Reisemedizinisches Zentrum
Bernhard-Nocht-Str. 74
20359 Hamburg
Tel.: 0900-1234 999 (€1.80/Min)
Fax: 040 - 428 18 - 340
E-Mail: rmz@gesundes-reisen.de
Webseite: www.gesundes-reisen.de

MÜNCHEN

*Abteilung für Infektions- und Tropenmedizin
der Universität München*
Leopoldstraße 5
80802 München
Tel.: 0049 89 21 80 - 135 00
Fax: 0049 89 33 61 12
E-Mail: tropinst@lrz.uni-muenchen.de
Webseite: http://www.tropinst.med.uni-muenchen.de/

*Abteilung für Präventiv- und Tropenophthalmologie
Augenklinik der Universität München*
Mathildenstraße 8
80336 München
Tel.: 0049 89 51 60 - 38 24
Webseite: http://augenkl.klinikum.uni-muenchen.de/

*Infektions-, Tropenmedizin und Immunschwächeerkrankungen
am Krankenhaus München-Schwabing*
Kölner Platz 1
80804 München
Tel.: 0049 89 30 68 - 26 01
Fax: 0049 89 30 68 - 39 10
E-Mail: 4med@kms.mhn.de
Webseite: www.kms.mhn.de/1440.html

TÜBINGEN

Institut für Tropenmedizin Tübingen
Keplerstr. 15
72074 Tübingen
Tel.: 0049 7071 298 23 65
Fax: 0049 7071 29 52 67
E-Mail: reisemedizin@med.uni-tuebingen.de
Webseite: www.medizin.uni-tuebingen.de/tropenmedizin/

Tropenklinik Tübingen
Paul-Lechler-Krankenhaus
Paul-Lechler-Straße 24
72076 Tübingen
Tel.: 0049 7071 20 60
Fax: 0049 7071 20 64 99
E-Mail: info@tropenklinik.de
Webseite: www.tropenklinik.de/

WÜRZBURG

Missionsärztliche Klinik
Salvatorstraße 7
97067 Würzburg
Tel.: 0049 931 791 - 28 21
Fax: 0049 931 791 - 28 26
E-Mail: tropenteam@missioklinik.de
Webseite: http://tropen.missioklinik.de

Weitere Tropeninstitute finden Sie mit Suchmaschine im Internet.